Svalbard

Diseño gráfico: Gloria Gauger
© Jordi Enrigue Soler, 2026
Autor representado por
Silvia Bastos, S. L. Agencia Literaria
© Ediciones Siruela, S. A., 2026
c/ Almagro 25, ppal. dcha.
28010 Madrid.
Tel.: + 34 91 355 57 20
www.siruela.com
ISBN: 979-13-87688-89-9
Depósito legal: M-22.007-2025
Impreso en Anzos
Printed and made in Spain

Papel 100% procedente de bosques gestionados
de acuerdo con criterios de sostenibilidad

Jordi Soler

SVALBARD

De las cosas que van a servirnos
cuando llegue el fin del mundo

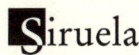

Siruela

Biblioteca de Ensayo 93 (serie menor)

Para Alexandra

Índice

SVALBARD

Cuando llegue el fin del mundo va a sernos más útil una semilla que un iPhone. En la espesa conversación, que acapara hoy tertulias y páginas de periódico, sobre los daños y los beneficios que produce la inteligencia artificial, cabría hacer esta pregunta: cuando llegue el fin del mundo y se extingan las fuentes de energía y la Red, ese tinglado del que cuelga nuestra vida, quede desactivada, ¿de qué van a servirnos la inteligencia artificial y sus subproductos? Lo que va a servirnos entonces, si acaso, es la inteligencia ordinaria, ese patrimonio extraordinario de la especie del que ya echaban mano Tales de Mileto y, antes, el primer hombre que consiguió domesticar el fuego.

En la isla de Spitsbergen, que es parte del archipiélago de Svalbard, en Noruega, a 1300 kilómetros del polo norte, hay un enorme depósito de semillas en el que se conservan un millón de variedades, de seis mil especies distintas, que provienen de todos los rincones de la tierra. En el último siglo ha desaparecido el 75 % de las especies vegetales del planeta, de aquí la urgencia del acopio, aunque el alcance del proyecto va más allá del abasto alimentario y es probable que llegue hasta el mismo fundamento de la especie, al grado cero, al punto en el que tendremos que comenzarlo todo otra vez.

Este enorme depósito bunkerizado, conocido como Bóveda Mundial de Semillas de Svalbard (Svalbard Global Seed Vault), es el arca de Noé que va a resistir el cataclismo, el desasosegante páramo que dejaría el colapso de ese entramado virtual que rige y organiza nuestras vidas, esa súbita oscuridad en la que nos encontraríamos, solos y a la intemperie, tratando de alumbrar el entorno con una vela, no como Diógenes, que buscaba al hombre verdadero con su lámpara, sino como la víctima de una catástrofe que busca entre los restos de lo que fue su vida.

Svalbard es una palabra noruega que significa «costa u orilla fría», lo cual, además de acentuar la sensación de intemperie y la oscuridad de la noche polar, funciona como el punto cardinal hacia el que nos dirigimos: ya vamos hoy rumbo a Svalbard, hacia la costa fría, hacia ese infierno que nos presenta Dante, en el noveno círculo, como un paraje secuestrado por el hielo. «El noveno círculo» podría haber sido el título de este libro, pero me gusta más la concisión, la sonoridad y la extrañeza que produce la palabra *Svalbard*.

Lo que se guarda en esta bóveda es una copia de seguridad del reino vegetal, un respaldo físico que tiene más posibilidades de resistir el cataclismo que el tumulto de datos que abarrota la nube, que, como a todas las nubes, puede, en cualquier momento, llevársela el viento.

Hay aquí un planteamiento elemental: por más que avance la tecnología, y aunque tengamos la impresión de que el universo digital nos libera del cuerpo y de sus necesidades, seguimos arraigados a la materia, exactamente como lo hemos estado desde el principio de los tiempos.

Pongámonos en el día después del fin del mundo: el último sobreviviente, abriéndose paso en las tinieblas, con su iPhone inservible pesándole en el bolsillo, llegará al arca y cogerá una semilla, ese prodigio tecnológico cuyos circuitos generan la vida, y, como hizo el primer agricultor de la especie, comenzará a sembrar la tierra: inaugurará, de nueva cuenta, la historia de la humanidad.

Tenemos la impresión de que el universo digital nos libera del cuerpo, decía mientras recordaba que ya en 1977 el filósofo canadiense Marshall McLuhan advertía sobre el peligro de que las personas que aparecían en la televisión perdieran su identidad, porque eran solo imágenes sin cuerpo físico. La misma cosa etérea y fantasmal observaba el filósofo en las personas que hablaban en la radio y también en esa mayoría de ciudadanos que se comunicaban por teléfono, pues eran, para el otro, solo voces sin cuerpo.

En su novela *La broma*, Milan Kundera celebraba la vida silenciosa de los periódicos de papel, que no emiten voces ni ruidos, «no se entrometen, es posible dejarlos de lado, meterlos en el cubo de la basura». En cambio, la radio se entromete, dice Kundera, «nos persigue en los cafés, los restaurantes y hasta durante las visitas a las casas de las personas que no saben vivir sin que les den de comer permanentemente a sus oídos». Aunque el alcance de lo que se oye, que es, digamos, una corriente ambiental, es mayor que el que puede tener algo que se ve, que es un punto fijo al que hay que atender, podríamos decir, de los ciudadanos de nuestro tiempo, lo mismo que se dice en la novela de Kundera: no saben vivir sin que las pantallas les den permanentemente de comer a sus ojos.

De acuerdo con esta idea que expuso McLuhan en 1977, de forma muy paradójica porque lo hizo en un programa de televisión (siendo una imagen sin cuerpo físico), en esos años una multitud de personas se despojaba continuamente de su cuerpo cuando hablaba por teléfono y, al colgar el auricular, regresaba a su corporeidad, como lo hacía el locutor de radio de la novela de Kundera cuando cerraba el micrófono y se convertía en un cuerpo de carne y hueso. En aquella época colmada de materia uno lidiaba con más cuerpos que imágenes.

Parece que la inquietud de McLuhan era bastante común porque, un año más tarde, en 1978, el escritor Alejandro Rossi escribió en una entrada de su diario: «La voz del teléfono me asusta porque es un fantasma —o la conciencia— que me habla al oído, como en los sueños».

La identidad es, según la definición que ofrece el diccionario de la RAE, el «conjunto de rasgos propios de un individuo o de una colectividad que los caracterizan frente a los demás».

La tecnología del siglo XXI nos ha enseñado que, al contrario de lo que pensaba McLuhan, la identidad no se pierde si comparecemos sin cuerpo físico ante los demás, como sucede cuando deambulamos por alguna red social. Pero lo que sí pone de relieve aquella idea del filósofo canadiense es la enorme cantidad de tiempo que vivimos sin cuerpo, cada día, en este milenio, si nos comparamos con aquellos habitantes de 1977 que solo se desmaterializaban cuando hablaban por teléfono.

Los que venimos de aquel siglo hemos ido perdiendo paulatinamente el cuerpo y vamos constatando, poco a poco, el desdoro de sus atributos: las pulsiones del animal que también somos, que antes tenían cierto prestigio, hoy están mal vistas y lo bueno es lo etéreo, lo que vive al margen de la mácula física; una aspiración que ha ido espumándose como un vástago del viejo pecado, un pecado hipermoderno que ya no necesita de la tutela de Dios porque es la propia sociedad la que sanciona y vela por su cumplimiento desde la iglesia *woke*, con sus acólitos de la cancelación.

Esas imágenes sin cuerpo que escandalizaban a McLuhan pertenecen hoy a la normalidad, donde somos los mismos de siempre, pero distribuidos en otras proporciones. Al final, todo sigue girando en torno a la monserga milenaria de siempre: ¿dónde acaba la carne y dónde empieza el espíritu?

Cuando sobrevenga el cataclismo, aquellos afortunados que logren llegar a Svalbard y consigan agarrar un puño de semillas en la bóveda, regresarán de golpe a su plena corporeidad, a la materia que soporta su imagen; escarbarán la tierra para sembrar la semilla de la vida, nos regresarán a ese redil del que quisimos escapar con las alas de Ícaro, el hijo de Dédalo y de la esclava Náucrate, que a veces parecen la pareja fundacional de nuestra especie: un inventor y una esclava; la imaginación que, por estar atada a un cuerpo, no termina de volar.

Hay una tribu de nómadas que se mueve a lo largo de la frontera entre Bolivia y Paraguay, son pocos y se dedican a la caza y a la recolección de frutos. El día después del fin del mundo, cuando los menos desafortunados salgan en una maltrecha procesión rumbo a la bóveda de Svalbard, esta tribu de nómadas seguirá haciendo lo mismo que han hecho, igual que sus ancestros, desde hace miles de años. Cada noche se instalan en un sitio distinto y a la mañana siguiente las mujeres empacan sus enseres y organizan a los niños, mientras los hombres recogen sus escasos bártulos, las cuerdas, las lanzas y los puñales, y luego se echan todos a caminar en busca de otro sitio donde, después de recolectar frutos por el camino y cazar algún animal, se instalarán, de manera transitoria, a pasar la noche.

Esa tribu se ha quedado anclada en nuestros orígenes y saber de ella nos sirve para trazar la ruta que, a lo largo del tiempo, han seguido las personas de nuestra especie: del continuo trashumar de un lado a otro al nomadismo estático del que caza y recolecta asomado a la pantalla, sin moverse de su asiento.

Esa tribu está anclada en nuestros orígenes, claro, pero no podemos perder de vista que esos orígenes sean al final nuestro porvenir, del nómada real al nómada digital y de ahí otra vez al nomadismo, hacia la bóveda de Svalbard los que puedan hacerlo y los que no hacia donde puedan, por una ruta en la que la vida salvaje y agreste, que ya daban por domesticada, no vaya pisándoles los talones.

Ya hubo en el año de la pandemia una escenificación de lo que sería el planeta fuera de nuestro control, la vegetación recuperando su terreno encima del asfalto, alrededor de las farolas y frente a los portales de los edificios, y una serie de animalillos, hasta entonces invisibles, que finalmente salían de sus escondites para recuperar ese territorio que antes había sido suyo. Basta muy poco tiempo para que el mundo regrese a su estado original.

Pongamos, por ejemplo, la edad del mar, 4000 millones de años, frente a la duración de una especie de mamíferos como la nuestra que, en condiciones normales, dura 100 millones. De todos esos años que le tocarían a nuestra especie solo hemos consumido 300 000; nos queda todavía, si logramos sobrevivir después del cataclismo, el 99,7 % del préstamo. Pero nuestra especie no vive en condiciones normales, ha transformado, y a veces devastado, de manera radical y en muy poco tiempo, su entorno y es, por citar otra anormalidad, la única especie que tiene vejez, pues el resto de los mamíferos difícilmente llega hasta allá, con la excepción de los animales domésticos, que se benefician de la burbuja protectora de la casa y de los servicios del veterinario. Los 4000 millones de años del mar ponen de relieve nuestra angustiosa brevedad, de la misma forma en que lo hacen las estrellas.

Volvamos a esa tribu de nómadas que nos ocupa. Después de cenar se reparten las tareas, las mujeres se hacen cargo de los niños y del sucinto acondicionamiento del refugio mientras los hombres salen, cada uno con un rumbo distinto, a hablarle a la oscuridad, a decirle esa suerte de poesía mágica, de hechizo que el cazador lanza para congraciarse con los espíritus de la noche. Lo que recitan estos cazadores poetas solo lo oyen los espíritus, son pequeñas obras compuestas para que ellos intercedan ante las otras fuerzas de la naturaleza y protejan a los miembros de la tribu durante las siguientes veinticuatro horas, que, una vez cumplidas, habrán de refrendarse con otra ráfaga de poemas. La dinámica se parece a la de la oración, con la diferencia de que el poema no está secuestrado por la mercadotecnia religiosa, es un dispositivo soberano, un conjuro, un encantamiento verbal que protege a la tribu y mantiene en orden al mundo.

Los poemas de esa tribu son su arca de Noé, su bóveda de Svalbard, en ellos están contenidos sus mecanismos de supervivencia y saben que, si llegara el fin del mundo, podrían sembrar ese acervo cuantas veces fuera necesario y florecer desde ahí como la misma tribu nómada que trashuma desde tiempos inmemoriales entre Bolivia y Paraguay.

«La revolución es trabajo de poetas y artistas. La política es trabajo de los demás». La sentencia es del poeta Ko Maung Saungkha, que además es comandante, con mil soldados a su cargo, del Ejército de Liberación del Pueblo, las milicias rebeldes que luchan contra la dictadura militar en Myanmar.

El poeta comandante lanza sus versos con la misma intención que lo hacen los poetas nómadas, todos ellos saben que sus palabras son dispositivos mágicos para transformar la realidad y, además, Saungkha está conectado con una tradición muy arraigada de su pueblo, esa que instituyeron, hace siglos, los reyes birmanos, cuando mandaban batallones de poetas a enardecer, con sus versos, el espíritu guerrero de los soldados, igual que lo hace él cuando lee poemas a su tropa antes de los combates. En las fotografías, que publica él mismo en la red X, lo vemos con unos folios en la mano, frente a sus soldados, lanzando esos dispositivos mágicos que inciden en el espíritu no solo de sus soldados, también en el de la selva espesa que los rodea y en el de las criaturas que viven ahí, lo cual es importante porque es en esa selva, transfigurada en manto protector por los versos de Saungkha, donde tienen lugar los combates.

Saungkha encarna a la perfección el apercibimiento del filósofo Henri Bergson: «Hay que actuar como hombre de pensamiento y pensar como hombre de acción». Más adelante, al hilo de este razonamiento, Bergson abunda, y viene al caso con lo que estamos contando aquí: «La especulación es un lujo, mientras que la acción es una necesidad». Quizá Saungkha no conozca este apercibimiento y puede ser que ni haya leído a Henri Bergson, pero lo cierto es que poetiza y poetizar es especular a gran altura, como lo sugiere esta declaración que hizo en una entrevista con el diario *The New York Times*: «Las palabras son armas poderosas; pero contra los militares necesitamos armas reales, porque juegan sucio». Aquí tenemos al poeta pensando como hombre de acción.

Con todo y su rareza, Saungkha no es el único poeta con tropa a su mando que ha habido; ya lo fue en su tiempo, por mencionar alguno, Gabriele D'Annunzio, aunque con otra orientación, otros objetivos y otro espectro psíquico. D'Annunzio, después de batirse, como poeta y hombre de acción, en la Primera Guerra Mundial; después de ser soldado, marinero y aviador, y de quedarse tuerto y maltrecho de tanta acción, conquista, con una tropa de fascistas, el Estado Libre de Fiume, que sería, en su cabeza, la primera pieza del renacimiento imperial de Italia. El objetivo del poeta italiano era la expansión imperial que miraba con anhelo su pupilo, Benito Mussolini, mientras que el poeta de Myanmar lo que busca es defender a su pueblo y evitar que la dictadura se quede con su terruño.

Saungkha tiene treinta y tres años y, antes de convertirse en comandante, leía su poesía pacifista en la escalera del Palacio de Gobierno, lanzaba esos dispositivos contra la dictadura que iban poniendo a su gente en la tesitura de la resistencia mientras él se iba acercando, verso a verso, a la celda en la que lo encerraron durante un tiempo.

El régimen militar de Myanmar restringió durante años el internet y los teléfonos móviles; esta prohibición alentó las cuadrillas de actores y poetas que iban de pueblo en pueblo proveyendo el entretenimiento que la Red no daba. Esta profusión de juglares del siglo XXI es un efecto secundario positivo de las restricciones que impone una dictadura militar.

Pero lo cierto es que en Myanmar abundan desde siempre, desde la era de los reyes birmanos como ya se dijo, los poetas, que son como las estrellas de *rock* de aquel país o mejor: son los que dialogan con las fuerzas de la naturaleza, los que son capaces de convertir a la selva en un manto protector.

En el ejército que comanda Saungkha hay varios poetas con lectores y libros publicados: Ko Rakkha, Linn Htike y algunos otros hombres de pensamiento y acción, de armas y palabras.

«El objetivo de nuestro adiestramiento es aprender a no morir», declaró Saungkha en aquella entrevista, una idea que ya había apuntado en su cuenta de X, donde lleva un diario electrónico de combate, con fotos y poemas en lengua birmana que, aunque no se entiendan, vale la pena contemplar, como quien mira un pájaro fabuloso o un relámpago.

En agosto de 1994 fui un nómada fugaz. Planté mi tienda en medio del bosque y dispuse mi instrumental de supervivencia, *sleeping bag*, una hornilla para calentar café, una taza de peltre, un puñal para mondar fruta o para despellejar un conejo. Era un nómada fugaz en medio de cientos de miles de nómadas fugaces que también habían plantado su tienda en ese bosque, transfigurado en manto protector no por los versos de Saungkha, sino por la música que iba tocando una banda tras otra en el escenario de Woodstock. La música era un éter que circulaba entre los seres vivos e inanimados y tocaba, y quizá desviaba, ligeramente, sus existencias. Yo había ido ahí, a esa zona acordonada por la magia de la música, a hacer una transmisión para una radio mexicana, pero, más que nada, estaba ahí comulgando en el altar del *rock*, para tragarme con toda devoción las ruedas de molino que quisiera darme el sacerdote que oficiaba en el escenario y pedía a su rebaño que cantara, que gritara, que aplaudiera, que implorara más canciones. Un cerdo manipulador que estábamos empeñados en venerar. Además del instrumental de supervivencia llevábamos, los técnicos que me acompañaban y yo, el equipo para hacer los programas que mandábamos a México en directo y por satélite, pesados transmisores, baterías que en ese tiempo tenían las dimensiones de una caja de zapatos, antenas, micrófonos, audífonos y un montón de cables que salían de nuestras mochilas serpeando como las hijas de Kundalini. El concierto multitudinario duró dos días, Peter Gabriel fue el último músico que ofició, cerca de la medianoche, y la última canción fue *Biko*, esa pieza, de exquisito espíritu tribal, dedicada al activista sudafricano que termina con un dispositivo verbal que, esa noche, al ser cantado por las 350 000 personas que estábamos ahí, transformó la atmósfera. El dispositivo son dos letras, *oh-oh-ooooh*, que al repetirlas una y otra vez se convierten en un hechizo.

Al final del concierto recogimos el campamento, las tazas de peltre, la hornilla para el café, las tiendas, el equipo técnico y metimos en cintura a las hijas de Kundalini; había una noche cerrada en el bosque de Woodstock y teníamos que llegar andando a la estación de tren, que estaba a doce millas de distancia. Horas más tarde nos bajaríamos en Penn Station, en Manhattan, cargando penosamente el equipo y cubiertos de lodo de arriba abajo; éramos parte integral de la tribu de cuerpos enlodados que trashumaba por los pasillos de la estación rumbo a las calles de Nueva York, donde mujeres y hombres, recién duchados y vestidos para la oficina, corrían hacia sus puestos de trabajo. Me metí en la bañera de la habitación del Waldorf que me pagaba la estación de radio, me puse ropa limpia y bajé al bar a beberme un Jack Daniel's con 7 Up a las diez y media de la mañana, mientras un empleado del hotel desatascaba la cañería de mi bañera, que había quedado taponada por los lodos de Woodstock.

Después de recoger el campamento, con *Biko* de Peter Gabriel todavía vibrando entre los árboles, emprendimos el regreso a la estación, a oscuras y a ciegas, pues no había señales, ni se nos había ocurrido llevar una brújula, ni, mucho menos, existían los teléfonos inteligentes y no teníamos, como les pasará a esos peregrinos del futuro en su marcha rumbo a Svalbard, más que la inteligencia natural que nos ha socorrido desde el principio de los tiempos. Emprendimos el camino a ciegas y a oscuras, como digo, hasta que algún inspirado, en el otro extremo del bosque, retomó el dispositivo que seguía vibrando entre los árboles; *oh-oh-ooooh*, cantó, e inmediatamente se añadieron otras voces y, un minuto más tarde, toda esa tribu de nómadas fugaces que andaba dispersa en el bosque de Woodstock lanzábamos a la noche el dispositivo, para pedirles a los espíritus que guiaran nuestro camino, que nos libraran de la ceguera y de la nocturnidad. Los cientos, quizá miles de personas que errábamos por la montaña nos orientamos gracias al dispositivo que habíamos activado todos, bastaba seguir el *oh-oh-ooooh* del que iba a la cabeza y que, me contaría después, llevaba una brújula. Así llegamos a la estación del tren, cantando para congraciarnos con los espíritus de la noche, y algo se perdió cuando subimos a esa máquina, metálica y brillante, que iba a expulsarnos, a ciento cincuenta kilómetros por hora, de nuestro nomadismo fugaz, de nuestro rapto primigenio.

Millones de dispositivos brillan en la bóveda celeste. En las estrellas están contenidos los mecanismos de supervivencia de nuestra especie. Pero no solo porque el universo entero, con nosotros incluidos, está hecho con los mismos materiales; también porque observando el cielo y sus ciclos nuestros antepasados lograron darles algún sentido a sus vidas y comenzaron a trenzar los fundamentos de la civilización. Platón decía que «la visión del día y la noche y el paso de los meses y los años han creado el número y nos han regalado el concepto de tiempo y el poder de inquirir la naturaleza del universo».

Comenzamos a hacernos preguntas a partir de la observación de las estrellas, empezando por nuestro sol, por sus ritmos, su luz y sus efectos, sus frutos, sus secuelas y su inabarcable lejanía; la vida comenzó entonces a ordenarse en el planeta.

Alguien hubo en el origen que observando el cielo supo interpretar el mensaje, alguien con el oído tan fino que consiguió escuchar la música de las estrellas.

Anaxágoras decía que el auténtico objetivo de nuestra especie es la contemplación, que vendría a ser una observación sin la atadura intelectual. Seguramente Anaxágoras exageraba, o será que en el siglo XXI ya no se sabe cuál es nuestro auténtico objetivo, pero se entiende perfectamente su intención: sin ese loco que supo escuchar la música de las estrellas nuestra historia sería muy distinta. Quedamos muy cerca del misterio ancestral cuando contemplamos las estrellas. Este misterio ancestral, que es el nuestro, solo aflora en la oscuridad, en ausencia del sol, nuestra estrella indispensable. Una ausencia que llega en cuanto cerramos los ojos y apagamos el sol, porque entonces quedamos situados frente a un tapiz oscuro en el que, paulatinamente, irán apareciendo las estrellas de las que está hecha nuestra vida personal, una tras otra van surgiendo hasta conformar una bóveda celeste simétrica a la que observaban Platón y Anaxágoras. Así como ellos, instalados en nuestra noche interior, podríamos ponernos, igual que aquel visionario original, a descifrar la música de nuestras propias estrellas, de esos dispositivos que llevamos dentro y que, si no los decodificamos, se quedan palpitando en el vacío.

Esta perspectiva del firmamento estrellado me hace pensar, otra vez, en los poetas nómadas que lanzan sus versos a la noche, rumbo a las estrellas, aunque es verdad que no se sabe con certeza si dirigen el poema hacia arriba, rumbo al cielo, o hacia adentro, buscando agitar su constelación interior.

Para el habitante del siglo XXI apagar el sol sería oscurecer las pantallas con el fin de poder contemplar nuestra constelación interior y, en el mejor de los casos, vislumbrar los contornos del misterio ancestral.

El poeta español Eloy Sánchez Rosillo ensancha, en uno de sus poemas, la perspectiva de la persona que se anima a apagar el sol: «Cuánto misterio surge si suspendemos totalmente cualquier actividad y nos abrimos al ser que somos y a la realidad que nuestro alrededor nos da con creces». Ese detenernos y abrirnos, de verdad, a la realidad que nos rodea es un acto sencillo que nos conecta con eso que está fuera de nosotros, y es sencillo porque depende de nuestra voluntad, basta con atender, minuciosamente y muy en serio, lo que pasa a nuestro alrededor.

Y en cuanto nos conectamos con lo que está fuera, se abre una vía hacia adentro por la que sale y entra el universo, que se expande hacia el infinito de la misma forma en que se contrae en el universo atómico, que se extiende hacia adentro.

El poeta sabe de lo que habla, pues, en otro de sus poemas, nos cuenta cómo cuando era un niño observaba, con una enérgica concentración, el cielo estrellado y, «además de mirar tanto fulgor, podía oír la luz: se escuchaba ahí arriba como un rumor de enjambre laborioso». Este rumor que el poeta escuchaba al ver las estrellas está relacionado con la música que produce el movimiento circular de los planetas que Pitágoras era capaz de oír, una música que no era el «enjambre laborioso», sino un compendio organizado de sonidos que produce eso que él llamaba una sinfonía universal, la música de las esferas o de los cuerpos celestes, eso que solo pueden escuchar quienes son capaces de conectarse hacia afuera y hacia adentro, en una maniobra que en nuestro tiempo, como digo, casi podría reducirse a apagar el teléfono y dedicar un rato a otear respetuosamente el horizonte.

Los planetas son notas montadas en órbitas que son como las líneas, y los espacios, del pentagrama;

se mueven a toda velocidad y el ruido que produce uno consuena con los ruidos de los otros y eso, necesariamente, genera una pieza de música que es el sonido astral que eran capaces de oír Pitágoras y sus pitagóricos, gente como nosotros que ponía atención a la realidad.

Si el poeta Sánchez Rosillo puede oír la luz, nosotros tendríamos que ser capaces de ver la música de los planetas, aunque solo sea para escapar, brevemente, de las fauces de la tecnología y para ir aguzando nuestros poderes de percepción y de observación, la conciencia del firmamento interior y la confianza del poema que se dice en voz alta para convertirse en aliado de las fuerzas de la naturaleza. Este es el herramental que necesitaremos el primer día del fin del mundo, cuando vayamos integrados en esa peregrinación rumbo al archipiélago de Svalbard, a 1300 kilómetros del polo norte, con el objetivo de conectarnos nuevamente, y como si fuera la primera vez, con la tierra.

WOOLF

«La hoja del cuchillo es un destello de luz y no un objeto con el que cortar. La normalidad ha quedado aniquilada». Esto lo escribió Virginia Woolf, hace casi un siglo, en *Las olas*, esa novela sublime e inagotable que está llena de ideas e imágenes que parecen destinadas al ciudadano del siglo XXI, esa pobre criatura que confunde la hoja del cuchillo con su destello de luz.

Woolf se pregunta, como hoy lo hacemos nosotros: «¿Es este el final de la historia?, ¿una especie de suspiro?, ¿el último temblor de una ola?, ¿un gotear de agua en cualquier cloaca en la que, con una burbuja, desaparece?».

Basta asomarse a cualquier noticiario para comprobar como la Historia, con mayúscula, se está escurriendo por la cloaca.

Lo que nos queda son las historias de cada uno, que se van mezclando, como las olas de la novela, con las historias de los demás.

Pero estas historias no existirían sin las palabras que las conforman, «sin estas frases encadenadas con las que ligo cualquier cosa que ocurre, de manera que, en vez de la incoherencia, se perciba un hilo errante que ligue sutilmente una cosa con otra», escribe Virginia Woolf.

Estas historias llegan hasta el pasado remoto porque se mezclan con las de nuestros ancestros, y se proyectan hacia el futuro en las de nuestros hijos, y también se expanden en las historias de nuestra microsociedad: «No soy una sola persona; soy muchas personas; ni siquiera sé quién soy —Jinny, Suzan, Neville, Rhoda o Louis—, ni sé distinguir mi vida de la suya».

Y ese entramado infinito de historias que es la vida, Woolf lo extiende a cualquier cosa que pueda nombrarse y, consecuentemente, narrarse: «Soy las estaciones, pienso a veces, enero, mayo, noviembre, el barro, la niebla, el alba».

Somos nuestras historias, y las historias que contamos y las que nos cuentan forman un entramado que llena de sentido nuestras vidas; sin ellas seríamos islas, asteroides solitarios viajando en el vacío. Si este es el final de la Historia, como ya proponía Woolf desde hace casi cien años, lo que nos queda es ese entramado.

Así lo plantea el escritor italiano Antonio Scurati: «El tiempo, que en esta era vulgar nuestra —no lo olvidemos nunca— es uno de nuestros bienes más preciosos, solo se humaniza al entrar en un relato».

La idea de Woolf de que una persona es en realidad muchas personas consuena con una sensación que tiene el narrador de la novela *El maleficio*, de Hermann Broch: «Mientras miro a través de todas las capas que soy yo, el que está encerrado dentro de mi vida y de mi carne, yo, el que escucha atentamente la música de la luz que se va retirando de las montañas, yo, el que mira extasiado desde lo inefable de su propio ser hacia lo infinitamente inefable de otras zonas más allá, sí, mirando y al tiempo siendo mirado, presiento la trama del saber, vislumbro el presentimiento de ser yo mismo montaña, de ser yo mismo colina, de ser yo mismo la luz y yo mismo el paisaje».

Esa trama del saber que presiente el narrador de Broch es ese entramado de pequeñas historias que propone Virginia Woolf y que nos humaniza y da sentido a nuestras vidas.

«Prácticamente, en cada instante de nuestra vida realizamos una elección o una ráfaga de aire nos arrastra por un pasillo y no por otro».

Esta idea vertiginosa aparece en la novela *Solenoide*, de Mircea Cărtărescu. Estamos a merced de los pequeños accidentes que, a lo largo del día, reorientan nuestra vida, no siempre hacia el punto que queríamos alcanzar; es decir: la desvían.

Eso que nos sale al paso, o que se nos atraviesa o nos interrumpe, un encuentro casual, por ejemplo, tiene que ver, casi siempre, con el azar. Pero también las decisiones reorientan nuestra vida, porque al elegir una opción rechazo todas las demás y mi trama de pequeñas historias, que se va añadiendo a la gran trama de historias que nos mantiene como especie, se va urdiendo de acuerdo con el azar y con las decisiones que sacuden nuestra realidad.

La idea de Cărtărescu es que estas elecciones y estos golpes del azar —«ráfaga de aire», los llama él—, que no llegan a término, nos van conformando de otra manera, en una hiperesfera constituida por «la suma de todas las historias generadas por mi *ballet*».

Mi *ballet* lo conforman todos esos yos, no los que soy simultáneamente, como percibe el narrador de Broch, sino los que pude ser y no soy por haber elegido tal cosa, o por haber sido llevado por tal ráfaga de aire y no por otra.

«Todos los mundos infinitos generados por las elecciones y los accidentes de mi vida son igualmente concretos y verdaderos», escribe Cărtărescu; es decir, que en la hiperesfera tengo otros yos, ligeramente distintos, que en caso de necesidad podrían orientarme, porque ¿cómo puedo conocerme cabalmente ignorando a esos otros que pude ser y no soy?

El planteamiento da vértigo, como digo, pero a la vez nos recuerda a esa persona múltiple que de por sí somos; vamos mutando ligeramente, a lo largo del día, afectados por la influencia del otro; no somos la misma persona cuando estamos con nuestra pareja que cuando estamos con nuestros amigos, o con nuestros hijos, nuestros jefes o nuestros empleados. Tampoco somos la misma persona cuando estamos solos, somos muchos yos en el *ballet* de nuestra hiperesfera personal y esto multiplica nuestro entramado de pequeñas historias.

Virginia Woolf vivía en el barrio de Bloomsbury y alrededor de su casa, de su talento y de su hermana Vanessa se reunía un interesante grupo de artistas e intelectuales, varios de estos transparentados en sus novelas, entre los que estaban el escritor E. M. Forster, el economista Keynes, el pintor Duncan Grant y a veces se añadía el filósofo Bertrand Russell.

Woolf vivía en Gordon Square y años más tarde recaló en la Tavistock, una de las dos plazas que articulan el barrio y que hoy son parte del microcosmos que forman las facultades de la Universidad de Londres. Parece que el talento de los artistas e intelectuales que formaban, a principios del siglo XX, el grupo de Bloomsbury dejó abonada esa zona de la ciudad. En la Tavistock Square vivió y escribió Virginia Woolf, en una casa que estaba en lugar que hoy ocupa el hotel Tavistock, un edificio dueño de una elegante decadencia en el que me hospedo cada vez que voy a Londres con la ilusión de estar en las mismas coordenadas que habitó Virginia Woolf, aunque sea en otro siglo y en otro edificio.

En la casa de Tavistock, Virginia y Leonard Woolf, su marido, tenían, además del circuito doméstico, la oficina y el taller de Hogarth Press, la casa editorial que fundaron. Al fondo del jardín había un habitáculo, con una claraboya que había sido concebido por los dueños anteriores como salón de billar y que Woolf adoptó para montar ahí su estudio, que también servía como almacén de la editorial; ahí guardaban pliegos de papel, botes de tinta, galeradas sueltas, refacciones para las máquinas. En medio de ese caos objetual «se podía encontrar a Virginia, por las mañanas, sentada junto a una estufa de gas en un viejo sillón, un sillón despanzurrado cuyo relleno caía al suelo, con una pizarra que se plegaba en tres en su falda, escribiendo y reescribiendo sus libros», nos cuenta Quentin Bell, que además de su biógrafo era su sobrino.

Voy a aprovechar la imagen de Virginia Woolf escribiendo en ese caótico almacén, sentada en su sillón desvencijado, para revisar los usos y costumbres de otros escritores. Juan Carlos Onetti escribía sus cuentos en agendas de otros años; iba llenando esas hojas que tienen impresa una semana, del lunes al domingo, y es probable que los párrafos escritos en el espacio del martes, por ejemplo, estuvieran contaminados por los efluvios o por la longitud de onda de ese día. En cambio, Pablo Neruda escribía sus poemas en cuadernos, o en hojas sueltas, pero siempre con tinta verde, porque así el proceso de su escritura parecía el producto de la fotosíntesis, como si sus poemas fueran descargas de clorofila.

Dicen que Jack Kerouack escribió su novela *En el camino* en un rollo de papel; de hecho, este rollo existe, hay fotografías que lo enseñan lleno de la apretada mecanografía del escritor, aunque convendría preguntarse muy en serio cuál es el objeto de escribir en un incómodo rollo de papel en lugar de hacerlo en folios individuales. La intención, me parece, es añadir elementos de calado mitológico a esa novela ya de por sí muy mitológica. Günter Grass escribía en una máquina Olivetti Lettera que ponía sobre un soporte alto para poder escribir de pie, quizá porque percibía que la energía circulaba mejor si tenía el cuerpo desplegado, en lugar de replegado en una silla, cosa que, supongo, también pensaría Vladímir Nabokov, que escribía en tarjetas y con un lápiz echado en su cama, tan desplegado como Günter Grass pero en posición horizontal, precisamente como lo hacía Juan Carlos Onetti, que alternaba la escritura en agendas con la lectura de novelas policiacas, y los vasos de *whisky* con los cigarrillos.

Graham Greene procuraba terminar su cuota de escritura, sobre unas treinta líneas más o menos, antes de «la hora de la sensualidad», ese momento de la tarde que ya va declinando hacia la noche, en el que se impone servirse un trago, ponerse lúdico y ya no trabajar más hasta el día siguiente. Ernest Hemingway, igual que Günter Grass, escribía de pie aporreando su máquina, pero, cuando llegaba un diálogo, lo hacía a mano y con un lápiz recién afilado. Lo del filo era imprescindible para construir el agudo intercambio de sentencias que esgrimían sus personajes.

Azorín empezaba a trabajar de madrugada, le gustaba ver salir el sol cuando ya iba texto adentro y lo hacía en una vetusta máquina de escribir. Ya nadie usa máquina de escribir en el siglo XXI y los muy jóvenes no tienen ni idea de lo que era este instrumento. Uno de mis hijos me vio un día escribiendo, por nostalgia y por capricho, en mi vieja Olivetti Lettera, y concluyó que aquello era el no va más de la tecnología porque incluía el teclado y la impresora en el mismo aparato.

W. H. Auden, para entrar en el humor que le permitía escribir, cubría las ventanas de su casa con paños negros, su escritura era el producto de su fotofobia y la gente que lo rodeaba sabía que más valía ni hablarle durante los periodos de paños en las ventanas. Edmund Husserl escribía sus ideas a mano, pero en taquigrafía, y sus manuscritos eran prácticamente indescifrables, a veces no los entendía ni él mismo y en algunas ocasiones, cuando intentaba pasar en limpio su escritura, tenía que inventar nuevamente esa página, lo cual daba a sus textos una inquietante profundidad.

John Keats se bañaba, se afeitaba, se perfumaba y después se ataviaba con sus prendas más selectas antes de sentarse a escribir en su escritorio. Pablo Neruda también asociaba la limpieza con su oficio, pero de una forma menos radical, pues solo se lavaba las manos. Truman Capote escribía, como Nabokov y Onetti, en posición horizontal, echado en un cursi canapé verde.

Pero quizá era Voltaire el que mejor sabía situarse, escribía en la cama, sobre la espalda desnuda de su amante, aunque quizá esa espalda tersa en la que apoyaba sus folios era como el rollo de papel de Kerouac, si no un cuento chino sí una atractiva exageración, una manera de hacernos ver la sensualidad que entraña, con frecuencia, la palabra escrita, la vida puesta en escena en una sucesión de líneas, lo que somos proyectado en una hoja de papel, en esa espalda que le servía de atril al listo de Voltaire, que, con ese gesto, nos viene a decir que una cosa es escribir y otra muy distinta es hacerlo sobre la espalda de tu amante.

Jeremy Bentham, que ahora vive en una suerte de eternidad en el barrio de Bloomsbury, inventó un sistema filosófico orquestado en torno a la felicidad de los ciudadanos. La ética feliz de Bentham, conocida en el siglo XVIII como utilitarismo, dice, *grosso modo*, que la felicidad maximiza la utilidad: mientras más feliz es una persona, más y mejor produce. Esta maximización está directamente relacionada con la reducción del sufrimiento, decía Bentham, y, a la hora de determinar la utilidad de una acción, se medía su capacidad para proveer la mayor felicidad posible para el mayor número de personas, es decir, que las acciones son correctas en la medida en que tienden a promover la felicidad. De manera que frente al *beauty is truth*, de John Keats, tenemos esta otra posibilidad: *truth is happiness*.

En su testamento, Jeremy Bentham dejó estipulado que, para celebrar al fundador del más grande sistema moral de la felicidad, que era él mismo, se disecara su cuerpo y se exhibiera sentado, con sus ropas habituales, en la silla en la que trabajaba. No se entiende bien dónde confluye su ética de la felicidad con su momia, mejor conocida como Auto-Icon, que hoy puede contemplarse en el Centro de Estudiantes de la universidad UCL, en la misma Gordon Square de Virginia Woolf, donde goza de una eternidad más bien escatológica.

La momificación era un asunto que apasionaba a Bentham. En su ensayo *Auto-Icon, or Farther Uses of the Dead to the Living*, escribió: «Si un caballero rural tiene hileras de árboles que conducen a su vivienda, los autoiconos de su familia podrían alternar con los árboles; el barniz de resina podría proteger la cara de los efectos de la lluvia». La realización de su propia momia, que planificó con un esmero macabro, se la encargó, para cuando llegara el momento, a un doctor amigo suyo, pero el resultado, con todo y la exhaustiva planeación, dejó que desear: su esqueleto fue rellenado con heno hasta que recuperó la constitución que tenía su cuerpo, pero su cabeza, que él había pedido que se disecara, con el añadido de unos ojos de vidrio del color de los suyos que cargó en su bolsillo durante diez años hasta el día de su muerte, se malogró de una forma escandalosa. La desecación de la cabeza se hizo con la técnica de los maoríes de Nueva Zelanda, pero algo falló dramáticamente, el gesto quedó torcido y la piel oscurecida, así que la cabeza del autoicono que hoy puede verse en el recibidor del edificio es una réplica de cera.

Se dice, aunque la web de la UCL lo desmiente, que el autoicono participa en el consejo universitario; lo llevan a la mesa donde deliberan las autoridades, sin derecho a voto, aunque, cuando la votación se atasca, Bentham la desatasca sumándose a los que están a favor de la propuesta.

Pero volvamos a su filosofía. Para evaluar si una acción proveía a la persona la suficiente felicidad, Bentham diseñó el cálculo hedonista, con el que medía la calidad del placer de acuerdo a su intensidad, que no podía ser tanta que después generara displacer, es decir, infelicidad. El cálculo hedonista también medía la duración del placer y su pureza, que se establecía de acuerdo al porcentaje de dolor que había en una experiencia feliz, porque la felicidad nunca es químicamente pura. La certeza de conseguirla era otra de las variables del cálculo, y también su proximidad, qué tan cerca estaba de acontecer, y, sobre todo, la fecundidad, la capacidad que tuvieran ese placer y esa felicidad de acarrear nuevos placeres y nuevas felicidades, lo cual era, propiamente, su utilidad, el aura económica del cálculo hedonista, sus réditos y sus beneficios.

Bentham pertenecía a la escuela de los radicales filosóficos, fue un pensador tremendamente influyente y su longevidad le permitió explorar otras zonas, más allá de su ética de la felicidad, que ya exceden los alcances de este modesto ensayo hedónico, pero hay que decir que Marx vio en la obra de Bentham la continuación del materialismo y el escepticismo británicos, la prolongación de las ideas de Bacon, de Hobbes y de Locke.

Bentham era sumamente crítico con la Declaración de Derechos del Hombre y del Ciudadano, señalaba las contradicciones entre los derechos de unos y otros hombres y estaba en contra de los deberes, las obligaciones y los derechos, que él llamaba «entidades misteriosas y ficticias», porque sirven a los privilegios de una minoría; por ejemplo, observaba que esa idea de que los hombres nacen libres e iguales es pura ficción, pues, en realidad, decía, nacen sometidos y desiguales.

Robert Owen, fundamentado en el sistema de Bentham, montó una serie de proyectos desmesurados, francamente fitzcarraldianos, que voy a abordar más adelante, para procurar el bienestar de sus coetáneos, que sería tanto como decir su felicidad, y de paso dejó sentadas las bases del comunismo inglés.

La estela del pensamiento de Jeremy Bentham es enorme, pero aquella ética, que veía el *summum bonum* en la felicidad colectiva, fue desactivada por la realidad, que nos enseña, como puede comprobar cualquiera, que la felicidad no puede gestionarse desde el cálculo hedonista, porque nuestra especie lleva de origen, junto con sus reservas de felicidad, sus buenas dosis de infelicidad.

Al final la ética de Bentham no llegó a término, pero sí podemos apuntar hacia ella; el simple hecho de hacer nuestro cálculo hedonista ya nos acerca a la felicidad.

Una vez propuse, a un grupo de gente que trabajaba conmigo, la solución de un dilema filosófico a partir del *felicific calculus*, el cálculo hedonista de Jeremy Bentham. Cuando U2 visitó México por primera vez, en 1992, yo trabajaba en una célebre estación de radio, sobre la que recayó la promoción de los conciertos, que eran parte del Zoo TV Tour; eran los tiempos gloriosos de esa banda que el paso de los años ha ido, inevitablemente, carcomiendo.

Unos meses antes del concierto un traficante de discos nos había llevado, a la estación de radio, el álbum nuevo de U2: *Achtung Baby*. En aquella época no había ni Amazon ni YouTube, ni desde luego Spotify ni Apple Music, y si querías oír un disco que acababa de salir en Estados Unidos, tenías que ir, en tu Volkswagen, a San Antonio, Texas, que fue precisamente lo que hizo aquel traficante. El álbum salió el 19 de noviembre de 1991 y un día después, el 20, día por cierto de la Revolución mexicana, llegó aquel joven mercader exhausto, con el pelo lleno del polvo que su coche había levantado en los terregales de San Luis Potosí, y el álbum *Achtung Baby* en la mano.

U2 era entonces una banda muy importante que seguíamos con atención. La primera medida que tomamos fue encerrarnos en el estudio a oír el disco, y yo quedé encantado con el chorro de espesa psicodelia que salía por los bafles. Cuando los músicos de la banda aterrizaron en la ciudad para empezar la serie de conciertos que tenían programados, comenzaron a llegar a mi oficina decenas de objetos enviados por los admiradores de U2: discos, camisetas, guitarras, un bombo de batería y un enorme y caudaloso etcétera que, idealmente, sería firmado por los músicos. A los dueños de estos objetos, entre los que estaba el gerente de una famosa franquicia internacional de bares rockeros, les parecía que los que trabajábamos en la estación de radio, al estar cerca del grupo, estábamos en posición de conseguir que aquellos objetos fueran firmados; pero la realidad era que tampoco teníamos tanta cercanía, ni la suficiente desfachatez, como para pedirles que se sentaran un par de horas a firmar los objetos de sus admiradores. El caso es que, mientras esta realidad se hacía evidente, los objetos no paraban de llegar y a la altura del primer concierto ya ocupaban la tercera parte de mi oficina, así que, en un momento que osciló entre la desesperación y la lucidez, mientras quitaba de mi silla unos bongós que debía firmar Larry Mullen Junior, planteé el siguiente dilema recordando, como digo, el *felicific calculus* del filósofo inglés: «Siendo honestos tendríamos que regresar los objetos, sin firmar, y explicar la situación a los propietarios, lo cual va a generar decepción y, consecuentemente, cierto porcentaje de sufrimiento; en cambio, si firmamos nosotros —como si fuéramos ellos—, seríamos deshonestos, pero haríamos felices a los propietarios, así que, compañeros, tenemos que elegir entre nuestra honestidad, que haría infeliz a un montón de gente, o el acto deshonesto que, sin embargo, procurará la felicidad del colectivo de admiradores de U2». Mi planteamiento se ajustaba rigurosamente a los parámetros del utilitarismo, estaba centrado en la maximización de la felicidad y la reducción del sufrimiento, y rematé mi argumentación recitando el principio de utilidad de Bentham: «Lo correcto o incorrecto de una acción se basa en su capacidad para proveer la mayor felicidad posible para el mayor número de personas; las acciones son correctas en la medida en que tienden a promover la felicidad».

Ganó, desde luego, la felicidad, y el principio de utilidad de Bentham caló profundamente, aunque, de vez en cuando, había que lanzar algún razonamiento pirotécnico para aplacar los brotes de culpabilidad y arrepentimiento: «Si tienes el *Unforgettable Fire* firmado por Bono, y crees herméticamente que fue Bono el que puso ahí su firma, ¿importa que no lo haya firmado Bono?». Basados en un concienzudo estudio caligráfico que hicimos de unas firmas auténticas, que los cuatro habían puesto en un ejemplar de *Achtung Baby* que regalaron a la estación, y cuya manufactura había presenciado yo, nos pusimos a firmar, con gran acierto, los cientos de objetos que poblaban la oficina y, durante los siguientes días, los felices propietarios fueron pasando a recogerlos. Entre todos esos objetos había guitarras y bajos eléctricos, micrófonos, platillos de batería que en más de una ocasión me he encontrado, expuestos con gran lujo, en algún bar en la Ciudad de México, en Guadalajara, Mazatlán o Acapulco y he pensado, y siempre me lo he callado: «Esa guitarra la firmé yo».

«La hoja del cuchillo es un destello de luz y no un objeto con el que cortar». Regreso a esta cita de la novela *Las olas*, de Virginia Woolf, y a Londres, un poco antes del nacimiento de Jeremy Bentham y doscientos años antes de que el grupo de Bloomsbury comenzara a reunirse en Gordon Square.

Lo que estás viendo es un resplandor y no el puñal que te crees que traigo en la mano, propone el personaje de Woolf; pero su intención no es mentirnos, sino suplantar la contundente realidad de la herramienta por otra realidad, que también es suya, como si echara mano de ese truco que los asesores de Ronald Reagan, en los años ochenta del siglo XX, llamaron *perception management*, el manejo de la percepción.

No hace falta decir que lo deseable en una novelista como Virginia Woolf es que manipule la realidad para nosotros, que nos engañe todo lo que pueda, que nos mienta, una circunstancia que en el plano político ya no tiene tanta gracia porque del presidente Reagan el ciudadano estadounidense esperaba que le contara la verdad y no su percepción, siempre mutante y acomodaticia, de la realidad. Aquí estamos ya fuera del principio de utilidad de Bentham, porque el político no busca la maximización de la felicidad del pueblo, lo que busca es maximizar sus opciones para mantenerse en su puesto, sin importarle que sus iniciativas generen la infelicidad de la ciudadanía.

El manejo de la percepción, desde antes de que tuviera este nombre, ha sido una pieza imprescindible del instrumental que tiene el político para hablarle a la gente, así ha sido siempre; pero hoy, en esta era de la transparencia, ya es más difícil hacernos creer que eso que trae en la mano el político no es un puñal, sino un destello de luz.

En 1712 comenzó a circular en Londres un panfleto titulado *The art of political lying,* «El arte de la mentira política», un explosivo texto que, de entrada, se presentaba arropado por una mentira: se le atribuía a Jonathan Swift, incluso en su traducción al francés, cuando en realidad era obra de John

Arbuthnot, un escritor que era verdad que compartía con Swift, dicho sea esto para atenuar la mentira, el exclusivo cenáculo del Scriblerus Club, un antro londinense donde los hombres de letras de orientación conservadora se reunían para destripar la movediza realidad de la política inglesa. Aunque este panfleto, en el que sin duda abundan las ideas de Jonathan Swift, fue publicado hace más de trescientos años, tiene en el siglo XXI una actualidad y una vigencia, digamos, ofensivas.

Para empezar, el autor llama *pseudology*, «seudología», a la mentira de la que se valen los políticos para conseguir sus objetivos, un término que el diccionario de la RAE define como «trastorno mental que consiste en creer sucesos fantásticos como realmente sucedidos». Esta patología corre en dos direcciones, se ajusta tanto al político que miente como al ciudadano que cree lo que le dice. La mentira política, nos ilustra el panfleto, es «el arte de hacer creer al pueblo falsedades saludables y hacerlo a buen fin». No olvidemos que Jonathan Swift, que contribuyó con algunos elementos a la hora de la concepción del texto, fue el autor de *Los viajes de Gulliver*, esa historia donde, entre otras cosas, los políticos tienen la estatura de un enano de Liliput.

La mentira política es un arte, nos dice el autor, porque es más difícil «convencer al pueblo de una verdad saludable que hacer creer y aceptar una falsedad saludable», de lo cual se entiende que la clave de estas mentiras es que no hagan daño al pueblo, pero, de ninguna forma, que busquen su felicidad.

El pueblo tiene derecho a la verdad privada, nos dice el panfleto, «pero no tiene derecho alguno a pretender ser instruido en la verdad de la práctica del gobierno».

Las mentiras que suelen utilizar los gobernantes se dividen, en el texto, en tres tipos de toxicidad similar; tenemos la mentira difamatoria (*detractory*), que no requiere mayor explicación; la mentira por anexión (*additory*), que es aquella en la que el gobernante agrega a su persona «mayor reputación de la que tiene»; y la mentira por traslación (*translatory*), que es la que «transfiere los méritos de una persona a otra».

El político que dice mentiras, recomienda el autor, debe procurar que «sus cometas, ballenas o dragones mantengan siempre un tamaño razonable», pues «cuando el anzuelo está demasiado cargado de lombrices resulta difícil pescar al gobio».

En una clasificación más amplia el escritor propone un tipo que ha ido ganando protagonismo a lo largo de los siglos: las mentiras de comprobación (*proof-lies*), que son aquellas que se dejan caer para «sondear la credibilidad de los presentes», para ver cómo respira la comunidad y ver si tiene cabida o no una mentira tóxica.

Sobre la forma en la que interaccionan unas con otras, dedica todo un capítulo a esclarecer «si una mentira se contrarresta mejor con una verdad o con otra mentira» y concluye que, como hace cualquier político desde entonces, y desde antes también, «la mejor manera de destruir una mentira consiste en oponerle otra», o, abusando de la imagen de Virginia Woolf: cuando falla el puñal hay que exhibir su destello.

Robert Owen era un empresario inglés, coetáneo de Jeremy Bentham y tocado por su principio de utilidad, que ha quedado en la historia como un utopista, como un hombre cuyo empeño aspiraba a lo imposible. Dentro de ese espectro utópico Owen estuvo a punto, o cuando menos eso creyó él, de fundar en el norte de México, en 1828, una nueva sociedad que pretendía reencausar el destino de la humanidad, que él veía gravemente torcido.

Owen está asociado a la escuela inglesa de los radicales filosóficos, con énfasis en Bentham, como digo, aunque no he dicho que el inventor del cálculo hedonista era sumamente retraído, no soportaba la interacción social y, para evitarla, se negaba a publicar sus ideas con la intención de no tener que defenderlas frente a sus colegas. Resulta cuando menos curioso que un huraño de este calibre haya decidido momificarse para estar eternamente a la vista de todos. Lo que conocemos de la obra de Bentham fue publicado por sus amigos, que sustraían cuartillas de su escritorio porque les daba pena que aquellas brillantes ideas murieran abandonadas en un cajón.

Durante buena parte del siglo XIX la filosofía benthamista tuvo una enorme influencia en la política y en la legislación inglesa. Bertrand Russell, pasajero ocasional del grupo de Bloomsbury, en su *Historia de la filosofía occidental* hace notar una laguna en la persecución de la felicidad que articulaba el pensamiento de Bentham: «Si todo hombre persigue siempre su propio placer, ¿cómo podemos estar seguros de que el legislador persiga el placer de la humanidad en general?».

Robert Owen nació en 1771 y, cuando tenía veintiún años, era ya el gerente de una fábrica textil en Mánchester y siete años más tarde, antes de cumplir los treinta, ya había adquirido, en New Lanark, su propia fábrica de productos textiles. Su padre había sido un humilde artesano y eso le daba a Owen una perspectiva muy completa del mundo laboral inglés. Persiguiendo la felicidad benthamiana de sus trabajadores, convencido de que el trabajador feliz rinde más que el infeliz, redujo en su fábrica las jornadas laborales de 14 o 16 horas a 10, subió los salarios, suprimió las multas y los castigos que se imponían en esa época a los obreros en todas las fábricas del país, prohibió que trabajaran los niños menores de diez años y, además, les puso una escuela junto a la fábrica para que aprendieran a leer y a escribir antes de dedicarse al rudo trabajo que hacían sus padres. Además de la escuela construyó viviendas para sus empleados que rodeó de hermosos jardines. A pesar de que todo aquello supuso un gasto mayor, Owen, con la fuerza de sus trabajadores felices, multiplicó rápidamente su fortuna. Su fábrica era la prueba irrefutable de que los trabajadores producen más y mejor si se les trata bien y con este argumento se presentó en el Parlamento inglés para proponer, con un escrito que algo tenía de incendiario, que se implementara ese tipo de mejoras en todas las fábricas porque así, tratando mejor a los trabajadores, elevarían sustancialmente la planta productiva de Inglaterra. Porque los ricos quitan a los trabajadores, argumentaba Owen, «todo lo que poseen. Los ricos nadan en un exceso de lujos dañinos para ellos mismos, gracias al trabajo de hombres que no pueden adquirir, para su propio uso, los artículos indispensables para la vida, y mucho menos las innumerables comodidades que ven a su alrededor». Ni el Parlamento ni los empresarios que leyeron su petición le hicieron ningún caso, pero Bertrand Russell apunta que fue a causa de la fábrica de Owen, y de su batalla perdida en el Parlamento, por lo que se acuñó el término *socialista*, cuando se aplicaba, en 1827, a los seguidores del utopista.

Frustrado, pero resuelto a hacer funcionar esa reorientación en el trato a los obreros que redundaría en un viraje social importante hacia la felicidad colectiva, emigró a Estados Unidos, la tierra de las oportunidades que, en su Acta de Declaración de Independencia consignaba, entre los derechos inalienables de las personas, *the pursuit of happiness*, la búsqueda de la felicidad. Owen compró unas hectáreas de terreno en Indiana y ahí fundó una comunidad que bautizó con el nombre de New Harmony, Nueva Armonía. Con la idea de poblar el nuevo pueblo, Owen hizo una campaña en las comunidades vecinas para hablar de las bondades y de las ventajas de su proyecto, que era una suerte de cooperativa en donde no existía la propiedad privada. No es difícil imaginarse a aquel utopista inglés, con su fuerte acento británico, tratando de convencer a los pueblerinos de Indiana de que se fueran a vivir con él; la escena se antoja muy excéntrica y la idea parece un despropósito y, sin embargo, logró reclutar a varios centenares de entusiastas que lo acompañaron en la fundación y en la puesta en marcha de aquella aventura social. Pero alrededor de New Harmony, la isla utópica de Owen, circulaban los demonios del capitalismo rampante que harían de Estados Unidos lo que es hoy, y muy pronto sus habitantes fueron desistiendo, fueron abrazando esa inercia que ya iba rumbo a la construcción del imperio, y llegó un día en que el utopista inglés se quedó solo en su pueblito igualitario de Indiana.

Robert Owen, decepcionado, pero sintiéndose todavía lejos de la derrota, regresó a Inglaterra masticando un nuevo proyecto que necesitaba un país donde los demonios del capitalismo rampante no estuvieran tan presentes, un país en proceso de formación, con grandes territorios desocupados, un país donde la felicidad estuviera presente y no tuviera, por su escasez, que ser consignada como un derecho en la Constitución: un país como México. Así que, en cuanto regresó a Inglaterra, se puso en contacto con Vicente Rocafuerte, el ministro plenipotenciario de México en Dinamarca y Hannover, que era, curiosamente, un destacado político ecuatoriano que, unos años más tarde, sería presidente de su país. Owen entregó a Rocafuerte una carta dirigida al Gobierno mexicano en la que contaba su historia en la fábrica de New Lanark, y la fundación, y el fracaso, de su comunidad en Indiana. Con un tono que rayaba en la vehemencia escribió: «En una época temprana de mi vida descubrí que el fundamento de todas las instituciones humanas es el error y que ningún beneficio duradero puede haber para la raza humana hasta que ese fundamento deje de existir para ser remplazado por otro mejor». Y ese «mejor» fundamento era, por supuesto, el que Owen proponía: «En consecuencia, se necesita una nueva comarca en la que no existan las leyes, instituciones y preocupaciones conocidas, para fundar este nuevo estado de la sociedad». A Owen, como puede verse, no le faltaba ambición, tenía el firme propósito de reestructurar el sistema de producción del mundo occidental. Más adelante desvela los alcances del proyecto: «La sociedad se formará de individuos de cualquier nacionalidad cuyo ánimo sea tan ilustrado que se haga superior a las preocupaciones locales, y su único objeto será mejorar la condición del hombre demostrando, prácticamente, cómo debe ser criado, educado, empleado y gobernado de conformidad con su naturaleza y las leyes naturales que la rigen». Y en el siguiente párrafo, Owen pasa de la utopía a la megalomanía: «Será una sociedad que prepare los medios de poner fin a las guerras, a las animosidades religiosas y a las rivalidades mercantiles entre las naciones, y a las discusiones entre los individuos». Para cumplir con sus objetivos, Owen pide al Gobierno mexicano que le ceda «esa comarca que es muy a propósito para el objeto, en la provincia o estado de Coahuila y Texas», un territorio para el que pide total autonomía, donde calcula que se puede «realizar este cambio radical en la raza humana». Entre los argumentos que expone para que le concedan ese pedazo específico del país, hay uno que parece un vaticinio: «Es una provincia fronteriza entre la República Mexicana y los Estados Unidos, que está ahora colonizándose en circunstancias que pueden producir rivalidades y disgustos entre los ciudadanos de ambos Estados y que, muy probablemente, en una época futura terminarán en una guerra entre las dos repúblicas». La carta está firmada en septiembre de 1828. El ministro plenipotenciario Vicente Rocafuerte escuchó y leyó la petición de Robert Owen y cumplió enviándola a algún ministro del Gobierno de Guadalupe Victoria. Owen esperó durante varios años la respuesta a su petición y al final, cuando era claro que esa respuesta no llegaría nunca, no tuvo más remedio que asumir su fracaso.

La utopía mexicana de Robert Owen tenía mucho de delirante, pero su objetivo era impecable; quería acabar con ese desequilibrio, con esa anomalía que sigue funcionando hasta nuestros días: una ingente mayoría de empleados y obreros que ganan poco, para que una minoría pueda ganar sumas enormes de dinero. Conmueve que este utopista inglés creyera, de verdad, que un esfuerzo como el suyo, sin más tramoya que sus ahorros y su voluntad, bastaría para transformar el mundo.

Decía más arriba que cada vez que voy a Londres me instalo en el hotel Tavistock, con la ilusión de estar en el mismo punto espacial que habitó Virginia Woolf, aunque sea en un inmueble distinto. Enfrente de este edificio, del otro lado de la calle, en una esquina de Tavistock Square, hay un busto de la escritora que me sirvió, la primera vez que me hospede ahí, como punto partida para explorar el barrio de Bloomsbury, en una ruta puntuada por las plazas Tavistock, Gordon, que es un hermoso parque lleno de vegetación con una caseta en la que venden café; y Fitzroy, que es un espacio más señorial que está cerca de Regent's Park. En estas tres plazas vivió Virginia Woolf y yo, intoxicado por su espíritu, regresé a sus libros, que había leído en mi juventud; compré, en la librería Skoob, cerca de Garden Halls, su novela *Las olas*, de la que anoté, en la libreta que cargo siempre en el bolsillo, una línea que me impresionó y que me hizo pensar que tendría que ser el arranque de un ensayo sobre esa zona específica del planeta en la que confluyen varias terminales que han sacudido, aunque sea de forma parcial y modesta, el mundo occidental. Pensé que mi recorrido por Bloomsbury era el soporte físico de un recorrido intelectual que empecé a vislumbrar mientras iba de una plaza a otra. Esta es la línea de *Las olas* que anoté: «La hoja del cuchillo es un destello de luz y no un objeto con el que cortar». Debajo, y a lo largo de varias páginas, anoté la cantidad de ideas y conexiones y asociaciones que vi de forma tumultuosa en esa línea.

El barrio de Bloomsbury ha sido rescatado por la Universidad de Londres, esta institución remozó la Gordon Square e instaló alrededor las diversas facultades de la UCL (University College London) la universidad en la que estudia Laia, mi hija. De la mano de Laia y de Virginia Woolf, entré en uno de mis viajes al Student's Center de la UCL, cuyo vestíbulo está presidido por el Auto-Icon de Jeremy Bentham. Quedé fascinado por la momia del filósofo, porque vive en la misma plaza en la que vivía Virginia Woolf, pero también porque hacía años había leído las líneas maestras de su pensamiento en el capítulo que Bertrand Russell dedica, en su *Historia de la filosofía*, a los radicales ingleses. También había leído en un perfil biográfico sobre los problemas que habían tenido al disecarle la cabeza con el sistema maorí. Más tarde, en el supermercado estudiantil que tiene el campus principal de la UCL, mientras Laia elegía entre diversas clases de cereales, encontré un Auto-Icon para armar, una serie de piezas de cartón que, una vez ensambladas, conforman un Jeremy Bentham sentado en su pose emblemática. Esa noche, cuando regresé a mis notas y leí nuevamente la línea de Virginia Woolf, pensé, y anoté, que la hoja del cuchillo como destello de luz tenía que ver con el engaño y la mentira, y recordé el Scriblerus Club, ese cenáculo en el que participaban Jonathan Swift y John Arbuthnot, escribiendo panfletos a cuatro manos, señalando las *fake news* de los políticos, sentados en algún oscuro tugurio que nadie sabe bien en dónde estaba; hay quien dice que se reunían en Chelsea, pero, pensé, y anoté, lo mismo podían haberse reunido en Bloomsbury. Regresé otro día, con Laia, a contemplar el Auto-Icon y, mientras le contaba los fundamentos del cálculo hedonista y del principio de utilidad, recordé que mi contacto con Jeremy Bentham se remontaba veinte años atrás, cuando hacía un raro viaje por el norte de México escribiendo una serie de artículos sobre la frontera que me había encargado el diario *El País*. Alguien me contó en ese viaje que algún antepasado suyo había estado a punto de perder sus tierras en Coahuila, por el proyecto de un inglés loco que se llamaba Robert Owen. Anoté el nombre del utopista y días más tarde, cuando ya había enviado mis artículos a Madrid, me documenté sobre su historia, pensé que quien me la había contado exageraba, las tierras de su antepasado no pudieron peligrar por ese proyecto que ignoró el Gobierno mexicano, pero gracias a su exageración llegué a Owen, que me llevó directamente a la ética feliz de Bentham. Gracias a aquel descubrimiento escribí un largo artículo sobre el utopista inglés que publiqué en el diario *Milenio*, en el año 2015, sin saber que en realidad había empezado a escribir un largo ensayo de naturaleza expansiva, anclado en Bloomsbury, que me iba a ocupar, de manera intermitente, con sus lecturas y sus vagabundeos por Londres, los siguientes diez años.

Hablaba hace unas páginas de la acentuada huraña de Jeremy Bentham, que lo llevaba a huir de la publicación de sus ideas, decía que me parecía una rareza que ese hombre tan retraído hubiera decidido momificarse para estar eternamente a la vista de todos, pero ahora su Auto-Icon me parece un golpe magistral: la momia del filósofo, por la curiosidad que despierta, mantiene eternamente viva su filosofía.

PRESBICIA

Sabemos a qué le tenemos miedo. A volar, a la muerte, a las arañas. Pero también hacemos cosas orillados por el miedo que no son tan evidentes. Por ejemplo, quien tiene esperanza, quien espera, de manera casi siempre irracional, a que suceda algo, en realidad tiene miedo.

La poeta y artista escénica Angélica Liddell sentencia: «El miedo es preexistente al hombre. Reconocemos el sentimiento del miedo automáticamente. Eso significa que primero fue el miedo, y después fue el hombre. Tal vez Dios es solamente una gran cantidad de miedo».

Juan Carlos Onetti se ocupa del lado oculto del miedo en su inagotable novela *Juntacadáveres* y pone en boca del doctor Díaz Grey esta idea: «Todas las parejas humanas, todas las amistades están motivadas por el miedo».

Esta verdad literaria nos invita a pensar en la raíz de nuestras relaciones: soy tu amigo o tu pareja ¿por miedo a qué?

La perspectiva del miedo como dinamizador social que propone Onetti alcanza, media página después, más altura: «Y sin miedo no hay pasiones».

Aquí el asunto se expande, hay una persona, o varias, que nos salva de un miedo que normalmente desconocemos, como también desconocemos, siguiendo la reflexión del personaje de la novela, el elemento que dispara en nosotros la pasión, ¿por una persona?, ¿por una religión?, ¿por una moda, una causa social, un deporte? Si es verdad que sin miedo no hay pasiones, también debe serlo que mientras más pasión experimentamos, más miedo estamos enmascarando.

Demos por buena esta idea de Onetti y consideremos que las relaciones y las pasiones que tienen el miedo como raíz empiezan, necesariamente, en nosotros: uno es la suma de sus miedos que neutralizan los otros con sus miedos. La cosa, planteada así, es todo un método de autoconocimiento, sirve para preguntarnos, con toda seriedad, ¿qué miedo evito con esta persona?, ¿con esta pasión?; ¿te quiero porque le tengo miedo a qué?

Parte de este miedo onettiano es el desconocimiento parcial de la otra persona, esa zona permanentemente velada a la que no tenemos acceso, como pasa con la divisa de Isis: «Ningún mortal ha levantado mi velo».

«Amar es rondar sin descanso en torno de la impenetrabilidad de un ser», dice, en uno de sus escolios, Nicolás Gómez Dávila, un filósofo colombiano tan deslumbrante como desconocido que sedujo en su época a lectores tan diversos como Ernst Jünger o Álvaro Mutis, que era su paisano. Esta fórmula dinámica del amor nos presenta a una persona tratando de descifrar, sin descanso, el misterio de la otra. El amor, o el amar, durará el tiempo que resista el misterio sin ser descifrado. Estamos hablando de la impenetrabilidad entre dos cuerpos que se compenetran físicamente todo el tiempo. Quien descifra el misterio del otro quizá le pierde el miedo, pero lo convierte en un cobertizo vacío en el que, si acaso, resuena el eco de su propia voz.

La clave del amar, o del amor, está en preservar los misterios, el propio y el del otro; de esta forma los dos pueden rondarse permanentemente sin descanso, mantenerse en movimiento dentro de esa dinámica que genera electricidad. Sin esa dinámica no hay luz. Pero no solo hay que preservarlo, también hay que respetar el misterio del otro, evitar esa tentación, hija del fantasma dinerario que intoxica al siglo XXI, de obtener ganancias en todo y a todas horas: la ganancia de hacerse con el misterio.

El verbo *rondar*, que propone Gómez Dávila, se convierte, además de la electricidad que despide, en la fuerza de gravedad que ata a un amante con el otro, como dos cuerpos celestes que se atraen desde ese núcleo que no conocen.

De todas formas, si el otro no lo entrega, no es fácil descifrar su misterio, pues es imposible conocer integralmente a una persona, incluso a uno mismo. «Conócete a ti mismo», ese comando de la filosofía griega viene a certificar esta imposibilidad, se trata de una prescripción incesante: no es conocerte a ti mismo de una vez, sino hacerlo todo el tiempo y sin descanso. Rondarte a ti mismo como hacen los amantes. ¿Rondarte en el espejo?

«Los retratos de Bacon cuestionan los límites del yo —dice Milan Kundera—. ¿Hasta qué grado de distorsión un individuo sigue siendo él mismo?».

Cuando nos miramos en el espejo, durante «el tiempo que tardamos en reconocernos», dice Giorgio Agamben, no solo vemos nuestro cuerpo, también esa brecha mínima, casi imperceptible, ese «minúsculo umbral» por el que circulan nuestros temores y nuestras aprensiones: nuestros fantasmas. Ese minúsculo umbral se abre desmesuradamente en los retratos de Francis Bacon.

The Ghost in You, ese fantasma que te habita; esta idea la proponía, en una famosa canción, la banda inglesa The Psychedelic Furs, aunque de aquella preciosa pieza solo nos sirva el título, y un verso que apuntaré al final y otro inmediatamente, pues viene al caso porque nos sugiere la anchura que adquiere un fantasma cuando no es el propio, sino el de ella, el que no te deja vivir: *And she don't fade*, «y ella no se desvanece», dice el verso porque, me parece, esta mujer supo conservar su misterio hasta el final.

Cuando te ves mucho tiempo en el espejo comienzas a desconocerte, porque tu imagen ya ha sido distorsionada por la energía que sale de ese minúsculo umbral que nunca tomamos en cuenta. En ese umbral, si nos atenemos a lo que decía Lucrecio, el poeta y filósofo romano, viven también los dioses, que habitan «en el delgado pasaje que separa cada cosa de sí misma», apunta Giorgio Agamben.

Estas dos ideas nos invitan a fijarnos también en la periferia y no solo en la parte más obvia y evidente de nosotros mismos y de la persona amada, así como del resto de las personas, de las cosas y de las circunstancias que, en determinado momento, nos afectan.

Con una sencilla maniobra, que consiste en variar ligeramente la mirada hacia ese mínimo umbral, podemos, dice Agamben, afinar «el arte de vivir y de hacerse divinos», pues los dioses habitan ese umbral igual que nuestros miedos y aprensiones: nuestros fantasmas, que sirven de contrapeso a nuestros dioses. Se trata de abrirnos a «la capacidad de habitar no la casa, sino el umbral, no el centro, sino el margen».

Al tratar de localizar ese mínimo umbral ya estamos aplicando una mirada que va más allá de lo evidente, ya estamos viendo más, ya hemos abierto el ángulo con el que miramos normalmente a las personas y a las cosas y a las circunstancias. *Inside you the time moves*, «el tiempo se mueve dentro de ti», y reverbera en tu mínimo umbral, nos dice ese otro verso de la canción de los Psychedelic Furs.

«Ningún mortal ha levantado mi velo», presume la diosa Isis, que quizá sea el arquetipo del misterio que no debe desvelarse. El filósofo Pierre Hadot observa la sentencia de la diosa y sugiere que el velo oculta una apariencia terrorífica, que «tiene el aspecto de un león» o, por el contrario, que la diosa «es tan bella y brillante que no podemos verla más que en el reflejo de un espejo». Las dos opciones son metáforas destinadas a incendiar el arquetipo y, sobre todo, nos invitan a respetar el misterio, a no encarar ni la excesiva fealdad ni la belleza en demasía, dos extremos que producen el miedo onettiano.

«Lo que aparece hace ver lo que está oculto». Recordé este adagio, muy repetido en la Antigüedad, mientras contemplaba las imágenes del telescopio espacial James Webb. Unas imágenes maravillosas y aterradoras que, en realidad, no hacen más que profundizar en ese insondable misterio que es el universo. Ante estas imágenes se antoja escribirle al adagio un añadido: lo que aparece hace ver lo que está oculto, sí, pero sigue oculto. ¿Qué pasaría con esos nómadas que trashuman por la frontera entre Bolivia y Paraguay, y que en la noche dicen sus poemas al cielo, para ganarse el favor de las fuerzas de la naturaleza, si vieran las estrellas con el ojo del telescopio espacial James Webb? Se enfrentarían a lo que vería cualquiera que se atreviera a levantar el velo de Isis: verían como lo que está oculto sigue oculto.

Dejemos al margen el hecho de que estas imágenes son la fotografía de lo que había ahí arriba hace miles o millones de años, y de que probablemente hoy sea otro el panorama, para centrarnos en la evidencia de que hay secretos que el hombre, con todo y su poderío tecnológico, no puede arrancarle a la naturaleza.

«La naturaleza ama esconderse», decía Heráclito, y su máxima hoy sigue intacta. La Biblia nos invita descaradamente a explotar y a dominar a la naturaleza y Prometeo robó el fuego a los dioses para que nosotros pudiéramos manipularla, transformarla y desvelar sus secretos con la intención de ponerla a nuestro servicio. Esta pulsión prometeica, la de doblegar a la naturaleza, es la que ha hecho de nuestra especie lo que es, con sus aciertos y sus gravosos errores. Es la que al final podría llevarnos al fin del mundo y a integrarnos, si tenemos suerte, en esa peregrinación de zarrapastrosos que en el futuro tratarán de llegar a la bóveda de Svalbard.

En todo caso, las imágenes que nos presenta el telescopio no son la visión exacta de lo que hay allá arriba; más bien, como digo, hacen más oscuro el misterio; algo tiene de reconfortante que la naturaleza no se deje arrancar sus secretos, que nos ponga en nuestro lugar y nos haga sentir, como lo ha hecho desde el principio de los tiempos, nuestra pequeñez.

«Ningún mortal ha levantado mi velo», dice la diosa Isis, que encarna, como se sabe, a la naturaleza. Hay un famoso grabado de William Hogarth que presenta a unos niños levantándole el velo a la diosa (*Boys peeping at Nature*, 1731). Frente a las imágenes del telescopio espacial, y ante el misterio de la persona amada, somos esos niños que levantan el velo y se asoman solo para descubrir que debajo hay otro velo, y otro, y otro…

El enamorado no ve objetivamente a su amada: ve lo que quiere ver en ella. Lo mismo puede aplicarse a casi todo: vemos, normalmente, lo que queremos ver porque la objetividad, en un cuerpo como el nuestro que es capaz de percibir solo una mínima parte de la realidad, es difícil de alcanzar. Probablemente, ese misterio que somos incapaces de desvelar se agarra de nuestra presbicia, que nos impide ver de manera integral a las personas y a las cosas. Y seguramente el miedo onettiano tenga también ahí su raíz. Vamos por la vida como topos a la intemperie, lejos del *foscor* de su guarida, permanentemente deslumbrados por la mucha luz.

El Quijote veía lo que quería ver, y además se percibía a sí mismo de una forma que no veían los demás; es decir, que era, con una intensidad distinta, como somos nosotros: personas normales con ínfulas de caballeros andantes.

Somos el Quijote, vemos gigantes donde hay molinos de viento y percibimos esa belleza que está ahí, aunque nadie más la vea. El Quijote no solo la percibe en su amada, la muy citada Dulcinea, sino que la imagina enamorada de él, cuando todas las evidencias indican precisamente lo contrario. Pero al Caballero de la Triste Figura, que somos todos, lo tienen sin cuidado esas evidencias.

En el capítulo XXXI de la Primera Parte le envía con Sancho una carta de amor que Dulcinea rompe en pedazos, cosa que al Quijote no le parece ningún desplante. Cuando le pregunta a su escudero si encontró a su amada «ensartando perlas o bordando alguna empresa con oro de canutillo», y Sancho le responde que más bien la encontró trabajando duramente en el granero, el Quijote lo reconviene: «Pues haz cuenta que los granos de aquel trigo eran granos de perlas tocados de sus manos». Y cuando pregunta si percibió la «fragancia aromática» de su dama y Sancho le cuenta que más bien percibió «un olorcillo algo hombruno», don Quijote lo reprende: «Te debiste oler a ti mismo, porque yo sé bien a lo que huele aquella rosa entre espinas, aquel lirio del campo». Y cuando pregunta si su amada le envió alguna joya, Sancho le informa que le dio «un pedazo de pan y queso», a lo que don Quijote, cada vez más enamorado, comenta: «Es liberal en extremo, y si no te dio joya de oro, sin duda debió de ser porque no la tendría allí a la mano para dártela».

La mirada idealizante del Quijote se complementa, en su presbicia, con otras formas de mirar: la rapaz, la deseante o la iracunda o la amorosa, la compasiva o la indiferente. Todas estas formas de mirar son proyectadas por nosotros y están intervenidas por el prejuicio: vemos lo que queremos, o podemos, ver y, más que ver a la persona, lo que hacemos es interpretarla, adecuarla a nuestro código, es decir, traducirla.

Cuando el filósofo francés Gaston Bachelard nos habla de la forma en que debe leerse una imagen poética, en su asombroso ensayo *La poética del espacio*, nos regala, de pasada, el secreto para mirar de verdad a una persona, sin interpretarla ni traducirla. De una imagen poética, de un verso, digamos, antes que nada hay que sentir la resonancia y luego su repercusión, el impacto que tiene en nosotros. Con esta misma técnica que Bachelard utiliza para apreciar una imagen poética, podemos nosotros mirar a la otra persona: la imagen debe tocar las profundidades para remover la superficie, solo así quedará enraizada en nosotros.

Más que proyectarnos en la otra persona tendríamos que lanzarle una mirada poética, una mirada limpia, desprejuiciada, abierta, transparente y sin adherencias, una mirada que sea como el viento que se mete en el otro cuerpo, sacude la yerba y las hojas de la campiña interior del otro, y es el efecto de este movimiento el que remueve la superficie y permite ver, como sucede con la imagen poética de Bachelard, al otro tal como es.

Una imagen poética hace que toda la actividad lingüística se estremezca, nos dice el filósofo, de la misma forma en que una persona, vista a través de la mirada poética, estremece el entorno.

Leer a la persona como si fuera un verso, solo así «se capta su exuberancia y su profundidad».

A la imagen poética hay que sentirla, no interpretarla, como haría un psicoanalista, porque esto sería intelectualizar la imagen, nos dice el filósofo, al tiempo que nos regala esta forma de mirar.

Ahora que estaba tratando de decodificar la mirada poética de Bachelard, esa que se mete como un viento en el cuerpo del otro y sacude la campiña interior, me acordé del cuerpo de Nora Barnacle y de esa campiña que volvía loco a James Joyce, su marido, ese Quijote de Hibernia. El cuerpo de Nora era el solenoide, la bobina de la obra del escritor irlandés. «Quiero ser el señor [*lord*, dice en inglés] de tu cuerpo y de tu alma», le anuncia en una de sus cartas, y en otra declara que si en el futuro llega a escribir algo valioso, será porque lo «he oído en las puertas de tu corazón».

Joyce abordaba el cuerpo de Nora con el mismo ímpetu escatológico que escribió las páginas de *Ulises*, y con la misma presbicia del Quijote cuando mira a Dulcinea. «Podría anidarme en tu vientre como un niño nacido de tu carne y de tu sangre; me alimentaría de tu sangre y dormiría en el cálido y secreto resplandor de tu cuerpo», le dice en otra carta.

El interior del cuerpo de Nora lo apasionaba y lo enfebrecían los mensajes que venían de dentro, las ventosidades que describe con deleite en su correspondencia y que lo hacen dirigirse a ella como *my sweet dirty little farter*, «mi sucia y dulce pedorrita».

Joyce presume, en otra de sus cartas, que sería capaz de distinguir un pedo de Nora en una habitación llena de señoras pedorreantes. No sabemos, por desgracia, de qué forma gestionaba ella esa pasión que Joyce sentía por su cuerpo, ignoramos si espoleaba esa locura o trataba de atemperarla.

En *Los muertos*, uno de los cuentos más extraordinarios que se han escrito nunca, Joyce define el cuerpo de una mujer con los adjetivos que le dedicaba al cuerpo de Nora: *musical and strange and perfumed*, «extraño, perfumado y lleno de música». El perfume, ya se dijo, lo irradiaba por fuera y desde adentro, y su musicalidad era percibida por el oído experto de Joyce, que estuvo a punto de ser cantante de ópera y era capaz de percibir la resonancia musical del cuerpo femenino que nos ha acompañado, a todos los miembros de la especie humana, a lo largo de los nueve meses de gestación. Pero antes de abordar la música femenina quisiera señalar el adjetivo *extraño*, que es el que mejor define el cuerpo de Nora y su relación con Joyce, pues esa feroz escatología solamente la practica quien todavía quiere descubrir algo, quien aún no conoce completamente ese cuerpo, quien considera que, a pesar de los años que lleva adorándolo, ese cuerpo sigue siendo para él una novedad, un misterio.

Vayamos a la música femenina, que, así como ese viento del que hablábamos anteriormente, agita la campiña interior de las mujeres. El físico y otorrino-laringólogo francés Alfred Tomatis nos descubre en su ensayo *La nuit utérine* la forma en que la voz de una madre llega hasta el feto que lleva en el vientre. Cada palabra que pronuncia esta mujer produce vibracio-nes en su espina dorsal que, a su vez, generan ondas en el líquido amniótico en el que flota plácidamente la criatura. Cada palabra que pronuncia la madre va encadenada en una larga serie de palabras dichas con su voz, que tiene un sonido y una cadencia únicos, una música, personal e intransferible, que cimbra el saco amniótico para consuelo y delicia del feto.

La vida empieza con esa música que produce la columna vertebral de la madre, cada quien lleva en la memoria la *soundtrack* de su gestación y cada vez que habla esa mujer que nos trajo al mundo algo de aquella noche uterina vibra dentro de nosotros.

El poso de esta música femenina que acompasó nuestra etapa fetal se va enlazando con la enorme diversidad de piezas musicales que escuchamos a lo largo de la vida y que nos hacen vibrar como, en el origen, lo hacía la espina dorsal de esa mujer. Además, ese poso, nuestro humus musical, nos adentra en las propiedades curativas de la música, que los antiguos griegos conocían y aprovechaban, y tenían rigurosamente identificadas, con dos términos específicos: *euthymeín* (aliviar el ánimo) y *parathálpo* (recibir aliento).

«La música nace cuando el grito se allana, se somete a tiempo y a número, y en lugar de irrumpir en el tiempo se adentra en él», dice María Zambrano en su ensayo *El hombre y lo divino*. Es la espina dorsal de la mujer la que allana, somete y vuelve música el grito, a la vez que nos señala por dónde tenemos que integrarnos en el río del tiempo. Para arropar estas consideraciones regreso a Gaston Bachelard y transcribo uno de sus axiomas más misteriosos: «Hay una geometría que mide y otra que sueña». La espina dorsal femenina como instrumento musical debe apreciarse desde el punto en el que coinciden estas dos geometrías: la que mide y la que sueña.

Regreso a la mirada présbita del que ve no lo que hay, sino lo que quiere ver, desde la célebre ecuación que propuso John Keats en su poema «Oda a una urna griega»: *Beauty is truth, truth beauty, that is all ye know on earth, and all ye need to know*; «la belleza es la verdad, la verdad belleza, eso es todo lo que sabes sobre la tierra, y todo lo que necesitas saber». Seguramente tiene razón el poeta, y además sus versos combaten frontalmente la noción de verdad que empieza a expandirse en el siglo XXI: la verdad ya no es la belleza, sino aquello que se repite, compulsivamente y por todos los medios, una y otra vez.

Decir «la verdad es mi verdad» parece una sentencia más ajustada a nuestro tiempo que el verso de Keats. «La verdad es mi verdad», dicen los gobernantes, los líderes políticos, los sacerdotes y todos aquellos que pretenden imponer al rebaño su manera de entender la realidad.

Pero también la belleza es problemática: belleza ¿según el gusto de quién? Una criatura de otro planeta, sin la cuadrícula cultural que nos hace ver en un paisaje una belleza arrebatadora, vería, en la playa, por ejemplo, un absurdo páramo de arena que termina en una espeluznante masa de agua movediza.

Belleza es verdad, dice Keats, como también es cierto que, con frecuencia, es verdad lo feo y mentira lo bello.

Pero destripar el verso del poeta como si fuera una operación matemática es un error; el verso es versátil y polivalente y su naturaleza es la del acicate, es una invitación a salir al mundo atendiendo todos los signos, sin distraernos, hasta que seamos capaces de encontrar, a pesar de nuestra presbicia, esa belleza que es la verdad, y viceversa.

Otro poeta, Novalis, nos enseña una tercera vía entre la belleza y la verdad: «La poesía es en verdad la realidad absoluta. Tal es el núcleo de mi filosofía: cuanto más poético, más verdadero». También en esta idea de Novalis hay un acicate: la poesía es una forma de ver, el verdadero poeta nos enseña a ver más allá de lo palmario, de la misma forma que, cualquiera que se lo proponga, puede instalarse en la realidad con un talante poético, y aquí ya estamos asentados, nuevamente, en la imagen poética de Gaston Bachelard.

Hubo un tiempo en el que la magia explicaba, de forma clara y amable, el funcionamiento integral del universo. Esto sucedía entre el siglo XII y el XVI, la explicación mágica era más pedagógica que la nebulosa de números y símbolos que utilizan los científicos de hoy para desentrañar los mismos fenómenos.

En aquella época se descifraba el cosmos a partir de «las influencias astrales, las cualidades ocultas de los animales y de las plantas y las simpatías y antipatías que existen entre los seres de la naturaleza», nos dice Pierre Hadot, que ya nos iluminó hace unas páginas.

Las simpatías y las antipatías, más las cualidades ocultas, son la clave, pues, de acuerdo con esta perspectiva, todo el universo se mueve gracias a la magia natural, que funciona a partir de la atracción de los opuestos. «Todas las partes [del universo] están sujetas a afectos y pasiones», dice Plotino y así equipara el funcionamiento de la naturaleza con el movimiento que generan dos amantes, y esto es tanto como decir que la fuerza que mueve al universo es el amor, las infinitas interacciones entre cuerpos que se atraen, esa electricidad, de la que hablábamos anteriormente, cuando dos cuerpos se rondan permanentemente y sin descanso.

«Todo lo que está en relación con otro está fascinado por aquel otro», escribe Aquiles Tacio, mientras que Marsilio Ficino propone: «Ninguno puede dudar de que el amor es un mago, ya que toda la fuerza de la magia se basa en el amor y la obra del amor se cumple por fascinaciones, encantamientos y sortilegios».

Esta explicación resulta más potable, y más poética, que una fórmula física. Si es que lo poético sigue teniendo, en este milenio de áspera prosa, algún encanto.

Lo que atrae del otro es su virtud oculta, nos dice Agripa de Nettesheim en su tratado *De occulta philosophia* (1533), una virtud, una fuerza que, sumada a las simpatías y las antipatías, a las fascinaciones, los encantamientos y los sortilegios, constituye el motor del cosmos. Lo que atrae es el secreto, es el misterio sin el cual ni es posible enamorarse, ni se pone en movimiento el universo.

Las cosas y las personas somos la combinación de dos opuestos. Funcionamos gracias a la tensión que hay entre estos. Si fuéramos de una sola pieza, como sostiene algún arrogante, no habría tensión y nos desmoronaríamos como aquel montón de piedras que marca el final de *Pedro Páramo*, o viviríamos en una babosa inmovilidad.

Para ilustrar esta dinámica, que es el motor de la vida, Heráclito proponía el arco y la lira, la tensión entre la madera y la cuerda sin la cual no habría música. ¿Y a quién le interesa un mundo sin música?

Esto desemboca en el tema de la apariencia, que nos lleva de regreso a la circunstancia de que uno ve lo que quiere ver: no es que las apariencias engañen, sucede que, de los dos opuestos que conforman una cosa, o una persona, solo vemos uno. Ese hombre tan bueno que nos estafó tenía una parte de maldad que no supimos percibir.

Nuestra vida transcurre en medio de la lucha entre las dos fuerzas contrarias que nos constituyen, como nos enseña el arcano VII del Tarot: El Carro. En esta carta vemos al conductor de un carruaje del que tiran dos caballos, de pelaje azul y distinto sexo, como indica el ojo femenino de la yegua que aparece del lado derecho de la ilustración. La yegua y el caballo, los dos opuestos que constituyen a cualquier persona, llevan en el cuello, sujetado al arnés, el símbolo alquímico del oro, lo cual nos sugiere que toda riqueza, espiritual y material, sale de la tensión entre dos fuerzas opuestas que se complementan. El mensaje verdaderamente importante de esta carta del Tarot es que el conductor, que somos nosotros, tiene que controlar, con buen pulso e inteligencia, a los dos caballos, que son las dos fuerzas complementarias que nos constituyen, para que el carro vaya en la dirección que queremos, y no arrastrado por una sola fuerza, o por la vida misma cuando somos incapaces de mantener el control.

Decía que en la Antigüedad la explicación mágica de las cosas era más pedagógica que las fórmulas que utilizan los científicos para desentrañar los mismos fenómenos, y creo que viene muy al caso una sentencia que dijo a quien lo entrevistaba el escritor colombiano Álvaro Mutis: «Nada que no pase —para decirlo en forma bien cursi— por el corazón me sirve a mí». Y luego Mutis iba al fondo del asunto cuando sostenía que todo se jodió a partir de la Revolución francesa «y del triunfo y la imposición del racionalismo como sistema para vivir y para interpretar al mundo», y añadía: «Hemos perdido la fe en lo mítico, en el lado oscuro que todos tenemos y de donde salen las verdaderas soluciones».

La fe en lo mítico que tenía Mutis le hacía pensar que el escritor es solo el que media entre el papel y esa fuerza misteriosa, que irradia desde una fuente remota, que es la literatura; y en ese mismo territorio mítico se declaraba monárquico, «porque no soporto que nos gobierne otro hombre como uno».

El escritor holandés Rob Riemen también opera en el mismo territorio: piensa que el racionalismo que produjo la Ilustración fue un error, pues «nos hizo perder, como sociedad, la conciencia de nuestra relación con la razón trascendental, el logos de los filósofos griegos». En realidad, la perspectiva de estos dos escritores es hija de las ideas de Nietzsche, cuya obra está cruzada todo el tiempo por el Romanticismo alemán, el rechazo a la Ilustración y el antimodernismo: la Ilustración «desprecia el instinto: cree solo en razones», decía el filósofo.

De cualquier forma, la idea es inquietante en esta era nuestra en la que el ciudadano, deslumbrado por los avances científicos, la tecnología y la inteligencia artificial, cree que todo puede resolverse desde la racionalidad y con frecuencia olvida ese lado mítico que fue durante siglos el motor de nuestra especie, y que es de donde, a veces, salen las verdaderas soluciones.

Cuando Álvaro Mutis dice que hemos perdido la fe en lo mítico, pienso en la jerarquía que perdieron los cometas cuando se los adueñó la ciencia. Con las observaciones que hizo, en diciembre de 1680, del paso de un enorme cometa por el cielo de Cádiz, el misionero Eusebio Kino publicó un librito en México, de 36 páginas, con un mapa cometario incluido, que tituló *Exposición astronómica del cometa*. Los cometas en esa época, igual que otros fenómenos de la naturaleza, tenían diversos significados: anunciaban eventos, vaticinaban plagas y desastres, poseían una carga narrativa que era más importante que su realidad científica.

Recordemos el célebre cometa que observó el emperador Moctezuma en 1516, que, más que un cuerpo celeste con una cauda de polvo cósmico, era el presagio que anunciaba la ruina de Tenochtitlan. También en aquel cielo que cubría el imperio Venus era, además del astro dual que podía verse al atardecer y al amanecer, el dios Quetzalcóatl, y el Sol era el dios Tonatiuh. ¿Por qué no va a ser dios esa estrella que da la vida? Sin ese dios la vida se acabaría.

El 16 de mayo de 1921, el director del diario *Il Popolo d'Italia*, que era muy supersticioso, pasó buena parte de la tarde contemplando desde la ventana de su despacho al planeta Venus, que experimentaba una fase de luminiscencia diurna, un fenómeno, rigurosamente explicado por la ciencia astronómica que acontece alrededor del equinoccio de primavera; sin embargo, el director del diario, que era Benito Mussolini, interpretó en esa luminiscencia que le venía una racha de buena suerte, de la que muy pronto se enteraría el mundo entero.

En el prólogo de su libro, Eusebio Kino asocia el cometa con la Virgen de Guadalupe, para dictaminar que el Gobierno virreinal que había entonces sería largo y estable, y además usa la imagen de la Virgen, que es una mujer con la Luna a sus pies y coronada por las estrellas, en la portada. La Virgen se convierte en una estrella benéfica y el cometa se transfigura en la madre celestial que protege a sus hijos.

Aunque en general, como puede comprobarse en la literatura cometaria de la época, los cometas eran más bien portadores de todo tipo de desgracias, terremotos, la muerte de los gobernantes, revueltas, incendios, plagas.

Además, Kino explica en su *Exposición astronómica* que los cometas están formados de una «agregación o junta de las exhalaciones y vapores» que, según el tipo de cometa, provendrían de la Tierra, o de las exhalaciones del Sol, como era el caso del que motivó su libro.

Toda esta rica narrativa que vestía a los fenómenos naturales en el siglo XVII fue aniquilada por la ciencia, que en un cometa solo ve «un cuerpo celeste constituido por polvo, rocas y partículas de hielo que orbita alrededor del Sol siguiendo diferentes trayectorias elípticas».

La ciencia nos presenta una serie de datos y evidencias incontestables, despoja al cuerpo celeste de esa dimensión mítica que lo convertía en una narración, en una historia misteriosa y cargada de prodigios.

CRIPTESTESIA

André Breton salía a la calle preparado para enfrentarse al hallazgo, iba siempre atento esperando el instante, el punto exacto en que la casualidad o el azar le reorientara el día, o la vida. No salía a caminar de un sitio a otro ni a pasear, se desplazaba por la ciudad con el objetivo de encontrar algo, un objeto, una situación o una persona, que podía ser una amante, un amigo, un cómplice, alguien que lo lanzara en otra dirección, hacia una vía alternativa que le permitiera descubrir un nuevo pliegue del universo en esa misma calle que había recorrido decenas de veces. Esa permanente búsqueda, que hacía de un simple paseo una apretada trama de posibilidades, lo llevó a ser capaz de distinguir, entre la gente que poblaba la calle, a los portadores o portadoras de llaves que, según explica Breton en su libro *El amor loco*, son las personas que «llevan las "llaves de las situaciones", lo cual significa, me parece, que guardan el secreto de las actitudes más significativas que yo habría de tomar en presencia de ciertos extraños acontecimientos que me habrán perseguido con su marca».

Breton salía a la calle preparado para enfrentarse al hallazgo y desde esa frecuencia podía descubrir la mayor cantidad posible de portadores de llaves, que nunca eran muchos, y a esta escasez se añadía la dificultad de que esos portadores casi nunca saben que lo son.

Por ejemplo, Breton había encontrado en el escritor Jacques Vaché al portador de la llave del dandismo, aunque el hallazgo máximo, lo que siempre esperaba encontrar, era al portador de la llave maestra que fuera capaz de abrir todas las cerraduras del azar y del misterio; quería toparse, o siquiera vislumbrarlo de lejos, con el «sublime transeúnte, el gran cerrajero de la vida moderna» que era, según decía, el poeta Lautréamont.

Una vez, siguiendo la estela de Breton como procuro hacer en los entornos propicios, identifiqué a un portador de llave en la persona del escritor Eduardo Mendoza. Estábamos en un coctel tumultuoso, en el patio de un palacete en Barcelona, y yo me planté al lado de él a hablar con la misma gente que él hablaba y a beber lo que él bebía, una única copa de cava que se bebió, a sorbos pequeñísimos, durante los breves veinte minutos que estuvo en el palacete. Ya en la calle me pregunté qué cosa abría la llave que portaba Eduardo Mendoza y enseguida me di cuenta de que acababa de abrir una estimulante vía a la noche fresca, lejos del tumulto y del vocerío que, hasta entonces no reparé en ello, me agobiaban en esa ocasión; el fugaz papel de gran cerrajero de la vida moderna, que aquella noche representaba para mí Eduardo Mendoza, me hizo ver que detesto asistir a esos cocteles que, hasta ese momento, pensaba que me gustaban.

Pero tanto Vaché como Lautréamont y Mendoza eran portadores de llaves del *establishment* literario y lo verdaderamente azaroso, se entiende a partir de las pesquisas de André Breton, era dar con un portador desconocido en plena calle, como le pasó un día en la Rue Bonaparte, con una mujer de ojos enormes «que miraba hacia atrás a cada instante, aunque no parecía esperar a nadie». Aquella portadora de llaves era tan notoria que ese mismo día, más o menos a la misma hora y en la misma calle, el poeta Louis Aragon la vio y sintió la misma atracción y el mismo desasosiego. Más tarde se encontraron los dos en el café Les Deux Magots con el pintor André Derain y le contaron el hallazgo, que ninguno de los dos había logrado capitalizar, no habían sabido qué llave portaba esa mujer, porque se había subido con un transeúnte «vulgar» a un autobús y la llave, cualquiera que esta fuera, se había alejado calle abajo. Luego describieron a la portadora para el pintor, iba «vestida con un traje sastre a cuadros beis y marrón y adornada con una toca de la misma tela que su vestido». El pintor Derain se quedó asombrado, acababa de ver a la muchacha deambulando por las calles del barrio, así que Breton y Aragon se levantaron de la mesa y buscaron exhaustivamente a la portadora, pero no consiguieron dar con ella, no supieron qué cosa, qué situación, qué abismo iba a abrirles la llave que portaba, aunque, al no encontrarla, deben haber pensado que esa llave no servía para abrir ni una cosa, ni una situación, ni un abismo, servía para dejar abierto ante ellos un enigma, que tiene más esquinas, más vías adyacentes, más zonas oscuras que cualquier calle y, desde luego, mucho más misterio que la Rue Bonaparte, donde la vieron por primera y última vez.

Más adelante André Breton se encontraría con otra portadora de llaves, con Nadja, que llevaba concretamente la llave de una novela que luego él escribiría. Al preguntarle «¿quién es usted?», antes de que se desvaneciera como le había pasado con la mujer de la Rue Bonaparte, ella le respondió, sin vacilar, «yo soy el alma errante».

Con los portadores de llaves puede haber encuentros breves, sin mañana, o encuentros cuya llave abre una etapa de la vida, precisamente como el que tuvo Breton con Nadja, o encuentros que se quedan en el puro enigma, como le pasó con la muchacha del traje sastre a cuadros.

Pero no puede uno instalarse, como se podría pensar, en una esquina a esperar a que aparezca algún portador o portadora de llaves; el encuentro tiene que ser dinámico, tiene que darse en un «perpetuo desencadenamiento», lo cual nos da la idea de que quien sale dispuesto a encontrar a algún portador lleva ya insuflada la energía desencadenante, pone a moverse a su favor, con su tracción y su persistente otear, las olas sucesivas en las que va desplegándose la calle, o el salón o el bosque. Este avanzar poniendo el entorno en movimiento es, para André Breton, la libertad, «la más o menos larga, pero maravillosa serie de pasos que al hombre le es dado practicar desencadenando».

Al poeta le entusiasmaban más las portadoras que los portadores de llaves; en su libro *Pez soluble*, el narrador sigue a Solange por un bulevar de París, «ella era discreta como el crimen y su vestido de pliegues negro, a causa de la brisa, aparecía ora brillante ora mate». Que el poeta termine relacionándose con ella no era la idea cuando empieza a seguirla y a desencadenar a fuerza de pasos la energía del bulevar, porque en cierto punto de su narración establece la línea general de sus pesquisas: «En cualquier caso da gusto seguir a mujeres así, con la seguridad de que no van a nosotros ni van a ninguna parte».

De manera excepcional Breton abandonaba el perpetuo desencadenamiento de los pasos por una actitud estática frente al azar, que llega incluso cuando no nos movemos; desde esa inmovilidad magnética el poeta atrae lo que vaya a venir, si es que viene: «Cada noche dejaba abierta de par en par la puerta de la habitación que ocupaba en el hotel, con la esperanza de despertarme un día al lado de una compañera que yo no hubiese escogido». Otras veces, con el mismo objetivo de despertarse acompañado, optaba por cierta clase de desencadenamiento escénico, desplegaba un reordenamiento mágico: «Así, para ver aparecer a una mujer, me he visto abrir una

puerta, cerrarla, volverla a abrir». Dentro de ese desencadenamiento escénico que buscaba, a fuerza de
barajar el atrezo, provocar la aparición de una mujer, a veces encontraba, en una línea del libro que
leía sentado en un sillón, rebosando magnetismo
desde su inmovilidad, un mensaje que le indicaba
claramente que estaba a punto de llegar, o que no
iría, y en otras ocasiones abandonaba la inmovilidad
del sillón y se ponía a desencadenar con el método
escénico de mover los objetos de la habitación, de
reubicarlos en sitios inauditos, procurando que ocu-
paran posiciones insólitas en relación con los demás
objetos.

Los seguimientos que hacía André Breton, en la
primera mitad del siglo xx, desencadenando las fuerzas de las calles y los bulevares, los salones y las habitaciones de hotel, en el siglo xxi requieren de un mayor
sigilo, tienen que hacerse con mucha discreción porque hoy el seguir a alguien en cualquier ciudad del
mundo occidental, aunque sea para discernir si es
portador o portadora de la llave, puede terminar en
una denuncia por acoso, lo cual situaría en el ámbito
judicial ese movimiento desencadenante que se debe
al azar, al hallazgo, al comportamiento mágico que
en nuestro milenio puede confundirse con la manio-

bra de un facineroso. No hay que dejarlo de hacer, sino hacerlo con sigilo y situarse en otro de los conceptos que nos regaló Breton para desplegar nuestra cotidianidad hacia otras dimensiones: lo sagrado laico, que es ese repertorio de ayudas extraordinarias que proviene de la percepción, de la predisposición al azar y al hallazgo, de comportarnos como criaturas abiertas y dispuestas a recibir ese envión de influjos que, por estar enclaustrados en la hipermodernidad electrónica que nos marca la pauta y el paso, somos incapaces de percibir.

Ya decíamos antes que en la Antigüedad la explicación mágica de las cosas era más pedagógica que las fórmulas que utilizan los científicos para desentrañar los mismos fenómenos. Hay que estar siempre dispuestos para recibir las «órdenes de lo maravilloso», dice Breton, y luego hay que ponerse a hurgar, en nuestra habitación o mientras vamos desencadenando por la calle, en las diversas vías que nos ofrece la realidad y que se manifiesta, para quien sepa percibirla, como un cruzamiento múltiple de caminos dentro del cual la realidad oficial es solo uno de esos caminos. Estos son los mimbres de lo sagrado laico, y, en el *Segundo manifiesto del surrealismo*, Breton acude a las ayudas extraordinarias que han estado siempre ahí a nuestra disposición, para que nos sirvamos de ellas: «Sería de gran importancia que manifestáramos un serio agradecimiento hacia aquellas ciencias completamente desacreditadas hoy en día desde varios puntos de vista, como son la astrología, entre las antiguas, la metapsicología (sobre todo en lo referente a la criptestesia) entre las modernas. Se trata solo de abordar estas ciencias con el mínimo de desconfianza necesario, y en ambos casos, basta con hacerse una idea precisa, positiva, del cálculo de probabilidades», nos dice el poeta.

Esa misma fuerza que Breton propone desencadenar en las calles y en los bulevares, hacia el exterior, podría desencadenarse hacia adentro, hacia el interior de la persona. A los seres vivos nos anima un movimiento vibratorio, un circuito que va del interior al exterior y del exterior al interior. Decía el filósofo Nemesio que el movimiento hacia el exterior engendra «determinación y crecimiento», y hacia el interior, «sustancia y unidad». El circuito que crea este movimiento vibratorio es el de la respiración, pero nos da pie para especular sobre el desencadenamiento de Breton, que es un movimiento hacia el exterior, y sobre su contrario, la ensoñación, que va hacia el interior y genera sustancia y unidad.

Digamos que somos la suma de las casas que hemos habitado. En cada una hemos dejado un archivo con elementos de nuestra intimidad del que podemos, en cualquier momento, disponer, gracias al acto de ensoñar, de desplazarnos hacia nuestro interior.

Somos la suma de todas nuestras casas, pero el archivo más importante está en la primera, en la casa fundacional. «La infancia es rotundamente más grande que la realidad», nos dice Gaston Bachelard y nos invita, en otro de sus deslumbrantes ensayos, a revisar el archivo que dejamos en nuestra primera casa, y en las casas sucesivas, porque ahí está lo que somos.

Basta hacer un modesto esfuerzo de memoria e imaginación para llegar a esos archivos y, una vez ahí, quedamos ante la posibilidad de hacer un estudio psicológico de nuestra vida íntima, pero no a la manera del psicoanálisis, nos advierte el filósofo, sino del topoanálisis, de la atenta observación de los elementos del terreno, de los recuerdos, las sensaciones, las imágenes que encierra cada rincón de aquella casa.

¿Cuál es el camino hacia esa casa que no está perdida, sino afincada, y a nuestra disposición, en el tiempo? En mi experiencia la puerta a ese camino se abre en el trecho, que puede ser largo o corto, que va de la vigilia al sueño; en esa franja de duermevela, llamémosla así, practico una ensoñación activa y comienzo a desplazarme, valiéndome de la memoria y la imaginación, por el interior de la casa en la que vivía de niño, en un pueblo de Veracruz. En este acto topoanalítico siempre descubro algo que no había visto, aunque ya estaba ahí: un deslumbramiento, un susto, un rudimento escatológico, una angustia o una sensación atmosférica o el resplandor de la felicidad. Estas incursiones en ese banco de memoria que es la primera casa han tenido para mí, a lo largo de los años, un efecto secundario: de ahí ha salido el material para buena parte de las novelas que he escrito, ya procesado por esa máquina bicéfala que es la memoria atravesada por la imaginación. De la interacción de dos episodios reales puede salir un tercero que ha dado a luz la imaginación, o un híbrido, o algo que ya no sé si en realidad pasó o es una invención mía, lo cual es poco relevante porque el trabajo del novelista es inventar historias verosímiles, que parezcan verdad y no necesariamente que lo sean. Un personaje de Hermann Broch, que aparece en su novela *El maleficio*, nos habla desde ese magma donde, a lo largo de los años, se van confundiendo la realidad y la ficción: «Pero ya hace tanto tiempo de eso que ya casi no es cierto».

Al margen de lo que cada quien pueda encontrar en su incursión topoanalítica, hay que considerar que se trata, literalmente, de un viaje a la infancia, ese lugar en el que el abrumado adulto del siglo XXI, si no fue un niño demasiado infeliz, siempre puede encontrar un poco de sosiego, de consuelo, de luz.

Con frecuencia despliego en mi memoria una ensoñación que consiste en ir recorriendo, desde el portón de la calle hasta la última de las habitaciones, las casas en las que he vivido. En esta ensoñación, que poco a poco va consolidándose en un sueño profundo, voy recorriendo, por ejemplo, esa casa de mi infancia de la que vengo hablando. Entro por el portón y recorro el garaje, una nave grande cuyo suelo está manchado del aceite que pierde alguno de los coches, recorro todo el espacio que hay hasta una escalera de escalones de mosaico amarillo. Aquella casa ya no existe, quedan algunas fotos que seguramente he ido incluyendo en el banco de imágenes y experiencias que guardo en la memoria. Un día le estaba contando a mi madre esta ensoñación y cuando llegué al final del garaje, a la escalera de mosaico amarillo que llevaba a la casa, me corrigió: el mosaico era, efectivamente, amarillo, pero no era una escalera, era un solo escaloncito. Decidí que no iba a corregir mi ensoñación, en la que llevaba años subiendo por la escalera amarilla, porque entonces iba a mutilar la óptica del niño que veía una escalera donde solo había un escaloncito; opté por mi perspectiva infantil y deseché el dato hiperrealista de mi madre, que descuadraba la planta arquitectónica de mi ensueño. En la cima de la escalera comenzaba la casa, entro por un pequeño pasillo que desemboca en la cocina (porque era la entrada del servicio, puntualiza mi madre, la otra, la noble, estaba del otro lado de la casa, pero esa solo se usaba cuando iban visitas de postín), del lado izquierdo, al fondo, está doña Julia atendiendo una olla que se calienta en el fogón, del lado derecho está la despensa, me asomo, huele a café, a bacalao desecado, a yerbas, a ajos y a naranjas, luego me meto por la puerta que lleva al desayunador, una mesa azul con un trinchador a juego y, colgado de la pared, un teléfono de pasta negra, el único que hay en la casa, por donde salen voces sin cuerpo, la de algún amigo, la del carnicero o la de algún empleado del negocio de la familia; el teléfono se contesta de pie, hay una mesita alta con una libreta para hacer algún apunte y una agenda con los números de todos los teléfonos que interesan a la casa y una vez al año, el día de Navidad, se marca el teléfono de la familia que no emigró a México y sigue en Barcelona, se habla con esas voces sin cuerpo que están mucho más lejos que las demás y que son mucho más fantasmales por tanto, son las voces de unos cuerpos que los niños no hemos visto nunca, y nosotros, para los que están en Barcelona, somos también unos fantasmas lejanísimos, aunque nuestro parlamento es exiguo, feliz Navidad, tía, un beso desde México, algo así decimos los niños, que estamos formados en una cola nerviosa, listos para decir, en el momento oportuno, nuestra línea fantasmal (muchos años más tarde, cuando fui a Barcelona por primera vez, iba a conocer los cuerpos de las voces fantasmales que había oído durante mi infancia, y no conseguí hacer la síntesis, las voces siguieron solas en mi memoria, sin cuerpos posibles, y los cuerpos parecían los de otras voces). Sigo con el recorrido, paso de largo el desayunador hacia la zona del comedor, una habitación regia con una larga mesa donde solo comen los adultos, y al lado un salón con sillones y un televisor del que los niños podemos disfrutar una hora a media tarde; dejo atrás esa zona y me encamino por el largo pasillo que lleva a las habitaciones y ahí mi ensoñación comienza a espesarse y a convertirse en sueño y, antes de llegar a la habitación donde está mi cama, ya estoy dormido, supongo que se debe a que no puede uno soñarse soñando.

Esta ruta doméstica que he ensoñado a lo largo del tiempo me sirvió de modelo para diseñar una planta arquitectónica ensoñada de las viviendas y los comercios, de los paisajes, de las trochas y las veredas que pueblan mi novela *En el reino del toro sagrado*. Durante las noches de los más de mil días que me tomó su escritura, deambulé en mis ensueños por la sierra y por la selva donde se asienta ese reino, caminé por las calles terregosas del pueblo de Los Abismos, me senté a beber en la cantina con los borrachos habituales y en el salón del palacio del señor Teodorico para verlo gobernar implacablemente su imperio. Recorrí cientos de veces la casa de Artemisa, esa mujer bellísima a la que acompañé en una infinidad de situaciones, algunas muy espesas, muy limítrofes, a lo largo de su vida de novela, que yo fui conociendo, y tomando nota de lo que vi y sentí, en las miles de incursiones que hice por esa planta arquitectónica que ensoñé hasta que se convirtió en realidad.

«El mundo es grande, pero en nosotros es profundo como el mar». En esta misteriosa línea del poeta Rilke descubrí, hace unos días, una fracción de la receta del amor, una de tantas, que se completa con este verso de André Breton, un verso que llevo años rumiando, porque es un raro elogio a la monogamia, tan denostada por los que la ven como una claudicación, y también porque al leerlo me queda la impresión de que el poeta encontró a su portadora de llave, a la sublime transeúnte, a la gran cerrajera de la vida, no moderna, sino amorosa: *un jour un nouvel amour et je plains ceux pour qui l'amour perd à ne pas changer de visage*, «un día un nuevo amor y compadezco a aquellos para quienes el amor pierde por no cambiar de rostro».

De la asociación de estos dos versos sale una pregunta importante: el amor hay que buscarlo ¿en muchas personas?, ¿en una sola?

La pregunta, desde luego, no tiene respuesta, cada quien sabrá cómo lo busca, pero la imagen que producen estos versos nos ayuda a despiezar el fenómeno.

La fila de los amores que va teniendo uno a lo largo del tiempo es una línea horizontal en la que, yendo de uno a otro, podríamos pasarnos la vida, cambiando permanente el rostro y el cuerpo de la persona amada. Esto sería amar a lo largo, siempre en esa línea horizontal que nos escatima la dimensión de la profundidad que, de acuerdo con el verso de Rilke, es lo que nos distingue del resto de las criaturas, pues en lo grande somos capaces de intuir lo profundo.

Al amar a lo largo, en esa línea horizontal poblada de amores, se opone el amar en línea vertical, a profundidad, modalidad que nos permite experimentar todo el repertorio amoroso con una sola persona, como ilustraré con un tercer verso. Una versión, quizá más realista, de la imagen que producen los dos versos sería la de una línea horizontal cruzada por líneas verticales de distintas profundidades: una suerte de electrocardiograma de nuestra vida amorosa, o de sismógrafo, quizá sería una imagen más acertada.

Pero André Breton tiene otro verso en el que confluye el amor vertical con el horizontal: *la poé-*

sie se fait dans un lit comme l'amour, ses draps défaits
son l'aurore des choses, «la poesía se hace en la cama,
como el amor, sus sábanas revueltas son la aurora
de las cosas». Este verso pertenece al poema «Sur la
route de San Romano», pero está irremediablemen-
te afectado por el anterior, que es del poema «Fata
Morgana» y que me hace ver que hay una clave en
la «aurora de las cosas»: el amanecer es siempre diferente y no hace falta, parece decirnos el poeta,
buscar en distintas personas, en horizontal, porque
toda esa variedad está ya contenida en esa única persona con la que hacemos el viaje vertical.

Y un tercer verso de Breton, del mismo «Sur la
route de San Romano», que va más allá del amor vertical u horizontal porque nos presenta el origen de
todo: *l'étreinte poétique comme l'étreinte de chair, tant qu'elle*
dure, défend toute échappée sur la misère du monde, «el
abrazo poético como el abrazo carnal, mientras dura,
prohíbe toda escapada sobre la miseria del mundo».

SVALBARD

Quien camina por una ciudad desconocida en el siglo XXI normalmente utiliza, para orientarse, los planos electrónicos de Google Maps. Una voz le va indicando por qué calle debe caminar, en qué esquina hay que dar vuelta, a la derecha o a la izquierda. Lo único que tiene que hacer el caminante de hoy para llegar a su destino es seguir puntualmente las instrucciones que le da la voz.

Hace poco, en París, tenía que cruzar media ciudad para ir a la Place de la Contrescarpe, y decidí ignorar la hegemonía de Google y orientarme con un viejo plano de papel que conservo todavía, un *Paris pratique*, edición 2005.

Cuando llegue el fin del mundo va a sernos más útil una semilla que un iPhone, decía al principio de este libro, y desde luego, a esa peregrinación de supervivientes que se dibuja en el futuro lo que va a servirles para llegar a Svalbard es un plano de papel.

La novela *París era una fiesta*, de Ernest Hemingway, comienza en esa plaza, en una noche de tormenta, con un viento helado que arranca las hojas de los árboles, *and the cold wind would strip the leaves from the trees in the Place Contrescarpe*. Desde la primera página Hemingway escribe mal los nombres en francés, no como se dirían en inglés, sino transcritos con descuido; a la Place de la Contrescarpe, que abrevia, le sigue, por citar solo uno más, el Vert-Galent, que en realidad es Vert-Galant.

Antes de salir rumbo a la plaza estudié la ruta en el plano, es decir, salí con el camino medio memorizado y con una perspectiva muy clara del trecho que iba a recorrer. Al estudiar previamente el plano, al hacer ese esfuerzo de anticipación y de comprensión del espacio, la ruta se abre paso en la memoria y, una vez ejecutada, se queda ahí como las cosas bien aprendidas.

Al orientarnos con un plano de papel, aunque vayamos sacándolo del bolsillo cuando nos despistamos, somos nosotros los que vamos al mando de la caminata; en cambio, con Google Maps es la máquina la que va al mando y nosotros solo obedecemos lo que dice la voz, y al final, como no hemos ejercitado la memoria, la ruta no queda fijada y pronto se desvanece, ¿para qué fijarla si la tenemos siempre a nuestra disposición en el teléfono?

Con el plano de papel, lejos de obedecer, despliegas tu autonomía y, además del ejercicio de la caminata, ejercitas la memoria, recuerdas, anticipas, razonas, una serie de beneficios que te quita Google Maps a cambio de llevarte mansamente y con eficiencia a tu destino, y de quedarse con la huella electrónica de tu paseo, con esa colección de datos personales que, si hubieras usado un plano de papel, seguiría siendo solo tuya.

Aprovechando el espacio para improvisar, para errar, que me daba el plano que había aprendido antes de salir, hice un desvío hacia la parte alta de la Rue Mouffetard para visitar Équinoxe, una librería de barrio que me encanta, situada en la periferia del *mainstream* libresco de París, donde compré un libro para leer durante la comida que iba a hacer en uno de los restaurantes de la Place de la Contrescarpe. Bajé esa calle abigarrada de comercios, con puestos a la intemperie y una espesa bruma de olores, pescados, embutidos, quesos, fruta y una mesa con cajones de hielo sembrados de ostras, esas criaturas frágiles que viven protegidas dentro de sus corazas, como los mismos vecinos de la Rue Mouffetard. Unas corazas que podían contener no solo criaturas frágiles, también era posible que llevaran dentro a una portadora de llaves, al gran cerrajero de la vida moderna que, si observaba con la suficiente atención, podía abrirme una vía hacia una situación interesante, crucial incluso.

Como una coraza observante entre las corazas bajé la calle hasta la plaza, donde Hemingway sitúa, en el Café des Amateurs, que ya no existe, la *cesspool*, la fosa séptica o cloaca de la Rue Mouffetard, esa calle que entonces, hace cien años, antes de la gentrificación general de la ciudad, era una vía oscura, siniestra y pestilente, por donde trashumaba un grupo de cabras que, una mañana, Hemingway está a punto de seguir, *I had been tempted to stay out and follow the goats down the early morning street*, pero no lo hace y pierde, me parece, la oportunidad de encontrar al gran cerrajero de la vida moderna en ese grupo de cabras que caminaba calle abajo.

Yo me siento más cerca de André Breton que de Hemingway, pero es verdad que en París soy, como Hemingway, un extranjero, como soy un extranjero en la isla de Coronado, en California, en el punto geográfico en el que escribo este libro que va a llamarse *Svalbard*. Hace unos días entré a la librería de la isla, Bay Books, y compré una edición nueva de *A Moveable Feast*, esa fórmula mágica que algún editor iluminado tradujo al español como *París era una fiesta*, escatimándole al título esa naturaleza kinésica que hace a la fiesta ubicua, para que Hemingway la lleve siempre encima.

Yo había leído la novela cuando era joven y en esta relectura descubrí asombrado que la historia empieza en la Place de la Contrescarpe, esa misma plaza sobre la que, precisamente ese día, estaba escribiendo en *Svalbard*, como soporte para mi alegato contra Google Maps. No se trata de una casualidad, sino de una vía que ya estaba ahí y que yo he abierto, quizá porque escribo estas líneas en el país de Ernest Hemingway. Más adelante en la novela, el escritor Ford Madox Ford, que era otro partícipe de esa fiesta ubicua, invita a Hemingway y a su mujer a un salón de baile, el próximo sábado, *I'll draw you a map so you can find it*, «voy a dibujarte un mapa para que llegues al sitio», le dice Madox, y su iniciativa nos sitúa en un estadio previo al mapa impreso que yo estudiaba en la mesa del restaurante: el mapa que dibuja para ti alguien que conoce bien el territorio.

Después de recorrer la Rue Mouffetard, como una coraza observante entre las corazas, me senté a comer solo, medio leyendo y medio anotando las ideas que me provocaba mi iniciativa de ignorar los mapas electrónicos de Google. En mi mapa de papel, en lo que liquidaba una jarrita de borgoña, memoricé la ruta hacia «el sexo de París» que está en la Place Dauphine, donde André Breton, nos cuenta él mismo, besó a Nadja por primera vez. «Me parece hoy difícil de admitir que otro antes que yo, al ir hacia la Place Dauphine por el Pont Neuf, no haya sentido un nudo en la garganta a la vista de su configuración triangular, levemente curvilínea, y de la hendidura que la secciona en dos espacios boscosos. Es, sin equivocación posible, el sexo de París lo que se dibuja bajo aquellas sombras».

Más tarde regresé a las notas que había tomado, a la luz de la jarrita de borgoña. Además de llevar todas las calles de todas las ciudades del mundo en el bolsillo, el ciudadano de hoy quiere estar permanentemente conectado con los otros, por medio de una multitud de canales que carga en su teléfono. Se desenfunda el aparato, como hacían los *cowboys* con su pistola, y se teclea una sentencia, una idea o una opinión que inmediatamente será leída por varias personas, decenas, o quizá miles.

Cargamos en el bolso o en el bolsillo esa arma que nos permite entrar en contacto con el mundo, pero, al mismo tiempo, nos deja expuestos. Quien lleva el teléfono también va cargando un agujero por el que se escapa su información íntima y privada. Estamos permanentemente comunicados e involuntariamente comunicando, dejando a cada paso el chorro de datos, la versión electrónica del alma, que vamos perdiendo por el agujero.

El origen de todo es el antiguo teléfono, esos viejos aparatos de pasta negra que se enchufaban a la red con un cable pegado a la pared y que nos convertían, como dije en otra página, en voces sin cuerpo, en fantasmas. En aquellos tiempos la pérdida de datos ocurría exclusivamente cuando se hablaba por el aparato y la sangría paraba en cuanto se terminaba la llamada, en cuanto nos volvía el cuerpo a la voz. Luego la persona pasaba el resto del día gozando del privilegio de ser ilocalizable y con sus datos, íntimos y privados, a buen recaudo. La única forma que tenemos hoy de recuperar ese privilegio es prescindiendo del teléfono. En las notas que tomaba en el restaurante de la Place de la Contrescarpe, a la luz del borgoña, en ese errar que se parecía al que estaba haciendo gracias a que ignoraba los mapas de Google, llegué a *Deadwood*, la película con la que David Milch trató de completar su serie que HBO dejó trunca y que es una obra maestra donde los diálogos oscilan entre Melville y Mark Twain. Ahí tenemos la escena fundacional, una cuadrilla trabaja instalando los postes para llevar el cable telefónico a Deadwood, la gente acepta la imposición del nuevo invento sin saber que ciento cincuenta años después, por no haber sabido imponerse, sus descendientes llevarán un agujero en el bolsillo por el que se les irá el alma electrónica. Pero Al Swearengen, el dueño del burdel del pueblo, percibe ese agujero y se resiste a poner un aparato de teléfono: «¿un puto teléfono en mi tugurio?», se pregunta. Y responde con una sentencia lúcida que no está de más tener presente en nuestro tiempo: «No voy a perder el privilegio de ser ilocalizable».

Para quien viaja en tren «todo está cerca, todo es inmediato: el tiempo, la distancia y la demora quedan abolidos». Esto lo dijo Sidney Smith en el año 1842, en una época en la que el tren era una máquina diabólica que dejaba mareados a los pasajeros, afeaba el campo, echaba humo y corría, sin cansarse, más rápido que un caballo.

Desde entonces la tecnología no ha parado de abolir el tiempo y la distancia; lo inmediato es hoy parte de la cotidianidad y, en más de un sentido, el teléfono móvil cancela la distancia: en la pantalla que llevamos en el bolsillo confluye el planeta entero.

En aquella época los obreros eran «meros apéndices de la máquina», su trabajo había perdido «todo carácter individual y, por consiguiente, todo encanto». Estas sentencias, que aparecen en el *Manifiesto comunista* de Marx y Engels, nos invitan a pensar en la relación que tiene, en el siglo XXI, no ya el obrero, sino cualquier persona con las máquinas, esos «monstruos mecánicos» de «fuerza demoniaca», de los que habla el mismo Marx en *El capital*.

Las máquinas industriales siguen, desde entonces, en las fábricas, facilitando el trabajo de sus apéndices, al mismo tiempo que los esclavizan y les roban la individualidad.

Pero hay otras máquinas, que ya no son ni monstruosas ni luciferinas, de las que también, en muchas ocasiones, somos meros apéndices. En el último siglo y medio la población de máquinas ha crecido desmesuradamente, se han instalado en nuestras casas, más que ayudarnos en nuestro quehacer son nuestras prótesis, dependemos de ellas para sobrellevar el día a día, como sabe cualquiera que haya perdido su teléfono móvil, con su historia personal, sus fotografías y sus claves y sus instrumentos de crédito dentro.

La sumisión del obrero ante la máquina que denunciaban Marx y Engels ha cambiado de signo, el obrero abandonaba esa tiranía en cuanto la desenchufaba mientras que nuestras máquinas, nuestras tiranas íntimas, viven con nosotros las veinticuatro horas del día y el problema es que son amables, armónicas, estéticamente irreprochables; si fueran monstruosas y luciferinas como las de Marx, no nos engatusarían tan fácilmente.

El torrente de información que vierte compulsivamente y sin descanso la pantalla termina educando al ciudadano que abreva ahí, en ese manantial de luz, para enterarse de cuál es la capital de un país, el nombre de un músico, en qué vocal se acentúa una palabra o la ruta para ir andando a un restaurante. Y sobre todo en ese manantial se abreva, mayoritariamente, información que ni nos hace falta ni queremos saber y que, sin embargo, nos sale al encuentro masivamente, como decía José Emilio Pacheco del mar: «Empieza donde lo hallas por vez primera / y te sale al encuentro por todas partes».

Hace mucho tiempo, en la antigua Grecia, había que esperar a la información que llegaba, a pie o a caballo, explicada por unos «maestros trashumantes, entre retóricos y filósofos», que eran recibidos con pasmo por la gente del pueblo, y al irse se quedaban en la memoria de las personas, como hoy se quedan «los astros de Hollywood», nos cuenta Alfonso Reyes en su ensayo «El mito de Protágoras».

Los maestros trashumantes eran el vehículo de la información, y consecuentemente de la educación, que llevaba cada corpus a las comunidades. Con el tiempo la clase revolucionaria, que entonces eran el Gobierno, los ricos y la burguesía acomodada, pues habían arrebatado el poder a la tiranía y a la vetusta aristocracia rural, comenzó a patrocinar un sistema educativo en el *gymnasium,* que pronto cobraría un calado crucial en la Academia, en el Liceo, en el Jardín. Aquel sistema fue el principio de la educación privada; la educación pública, la que ofrecía el Estado a sus ciudadanos, era militar y se impartía en Esparta.

El quehacer de aquellos maestros trashumantes era andar de un lado a otro esparciendo las piezas de sabiduría que articulaban la educación; la gente los llamaba sofistas, un término que entonces no era peyorativo, como lo sería dos mil quinientos años más tarde, cuando el sofista se bajara del caballo para montarse en la fibra óptica con el objetivo de esparcir a toda velocidad, de manera ubicua y en 5G, su tumultuosa información.

Otros maestros trashumantes que se dedicaban a esparcir piezas de sabiduría eran los erasmistas, un grupo de caballeros del espíritu, que vestían siempre de negro riguroso y que iban por las capitales europeas, a principios del siglo XVI, difundiendo los valores que Erasmo, el maestro de todos ellos, había escrito en sus libros.

Esos hombres de negro proponían, a la sociedad desarrapada de su tiempo, el orden social moderno. Así como los caballeros de armadura conquistaban el mundo con su espada, ellos lo iban conquistando con su pluma, siempre siguiendo las ideas de su maestro.

Erasmo fue el primer humanista y su obra tiene todavía hoy una asombrosa vigencia, era el enemigo de los tradicionalismos y las mentalidades retrógradas, creía en el progreso de la especie a partir del humanismo y veía en la universalidad la posesión más sagrada, era la encarnación de la sabiduría, el *optimum et maximum*, fue el intelectual que convirtió la escritura en poder, era un pacifista que exigía la abolición de la guerra y concibió, antes que nadie, la unificación de Europa, pues era precisamente el momento, en el tránsito del siglo XV al XVI, en el que el continente adquirió relevancia mundial; además era políglota, hablaba y escribía el mejor latín de la época, propuso la interpretación de la Biblia y, asqueado por el boato y la riqueza obscena de la Iglesia romana, sentó las bases de la Reforma que capitalizaría Lutero, el monje agustino que acabó destruyendo el orden social moderno de Erasmo, cuando clavó las 95 tesis del protestantismo en la puerta de la iglesia de Wittenberg.

La revolución popular que vino después sepultó el erasmismo y pospuso por varios siglos la unión europea, pero antes de ese cisma aquellos hombres vestidos de negro, que eran la aristocracia del espíritu, iban por las ciudades difundiendo la obra y el pensamiento de Erasmo, observaban siempre una actitud distinguida, tenían un trato exquisito, eran extremadamente corteses, evitaban las palabras ásperas, eran tremendamente cosmopolitas y políglotas hasta el extremo de que escribir cartas o libros en su lengua materna les parecía una indignidad.

Sirvan aquellos maestros trashumantes, los erasmistas y los sofistas, como el contraste del torrente de información que vierte compulsivamente la pantalla y que termina, inevitablemente, educando al ciudadano. Quizá el torrente, que en su origen no era tal, comenzó con la producción industrial de los libros, que individualizó al ciudadano al convertirlo en un lector solitario recluido en su habitación, cuando antes escuchaba esas historias, esa sabiduría, en formato colectivo en un jardín o alrededor del fuego. Lo mismo pasó con la música, que durante muchos siglos se escuchaba en comunidad; hacía falta un grupo de músicos con sus instrumentos y un foro para que la gente pudiera disfrutar de una canción o de una sinfonía. Aunque ya entonces el individualista rampante podía encerrarse en su habitación, colocar su partitura y tocar solo para su solaz una pieza de violín. Pero luego vino la radio a desbaratar el formato colectivo y aquello se agudizó con la industria discográfica. Lo mismo pasó con las representaciones escénicas, aunque es verdad que el teatro subsiste, igual que los conciertos y las cátedras en la universidad, pero el cine, su hermano menor, va abandonando la cosa colectiva en favor del individualista que ve solo en su cuarto una película en *streaming*. Ya hay incluso quien juega futbol solo en su habitación frente a una pantalla y quien sostiene, también solo, una historia de amor, o el que compra un pantalón, un piano o un Tesla sin tener que interaccionar con ningún miembro de la colectividad.

Esta serie de ¿progresos?, ¿claudicaciones?, a lo largo de los siglos, indica el rumbo que llevamos los ciudadanos del mundo industrializado, vamos hacia el sillón y la pantalla, hacia el repliegue que empezó, hace miles de años, con las tablillas y la escritura cuneiforme de los sumerios. Del maestro al libro, del concierto al disco, del teatro a Netflix, del frac a la pijama, todo eso contiene esta vertiginosa línea evolutiva que va del pictograma grabado en arcilla al risueño emoticono.

Pero también, de manera paralela, además del repliegue hacia el sillón y la pantalla, hemos experimentado, a lo largo de los siglos, una escandalosa merma espacial; hemos sufrido un encogimiento.

En el Paleolítico nuestros ancestros estaban diseminados por todo el continente, reinaba la dispersión, iban de un lado a otro y no había concentraciones importantes de personas en ningún punto, nuestra especie expandida abarcaba superficies enormes. En el Mesolítico y el Neolítico la zona que abarcábamos ya se había reducido, pero aún cubríamos «áreas más amplias que el territorio de la mayoría de los grupos etnolingüísticos contemporáneos (aquello a lo que los antropólogos llaman "culturas")», nos dicen, en su ensayo *El amanecer de todo*, David Graeber y David Wengrow. Así que en la Edad de Piedra estábamos más extendidos, había menos personas en el planeta y también había más espacio entre una persona y otra. Luego vinieron las ciudades y la gente comenzó a concentrarse en áreas más pequeñas, a moverse por territorios limitados y cuadriculados que ya nada tenían que ver con la dimensión continental del mundo en la Edad de Piedra.

Pero vivir en una ciudad no quiere decir, como sabe cualquier urbanita, que se vive en toda la ciudad. El habitante de la Ciudad de México, por ejemplo, circula solamente por unas cuantas zonas a lo largo de su vida, a menos que sea taxista, chofer de reparto o candidato a jefe de Gobierno.

Este progresivo encogimiento de las áreas en las que vivimos que experimenta nuestra especie desde hace, más o menos, dos millones y medio de años se ha acelerado en esta era nuestra del individualismo feroz, como puede verse en este morboso *zoom in*: pasamos de la ciudad al barrio, del barrio a la manzana, de la manzana al departamento, del departamento a la habitación y de la habitación a la pantalla de la tableta, donde podemos contemplar, rigurosamente encogidos entre cuatro paredes, las inacabables praderas en las que vivían nuestros ancestros.

«A los hombres les atormentan sus opiniones sobre las cosas, no las cosas mismas». Esta idea luminosa, y sumamente útil si se pone en práctica, la leyó Michel de Montaigne en un libro de Epicteto y la escribió, para no olvidarla ni un momento, en una viga del techo de su biblioteca.

Frente a cualquier circunstancia adversa, porque las circunstancias felices no atormentan, Montaigne nos invita, a partir de esta idea, a distinguir el hecho, la cosa, de la opinión que tenemos de ella, pues la opinión en realidad no es ni la cosa ni el hecho, sino lo que nosotros creemos que es: «La fortuna nos brinda simplemente la materia y a nosotros nos atañe darle forma», escribe en uno de sus *Ensayos*.

Ya Sócrates invitaba a sus coetáneos a distinguir lo que es opinión o creencia (*doxa*) del razonamiento y del dato científico (*episteme*); una distinción que resulta especialmente útil tener en cuenta hoy, pues las opiniones, multiplicadas hasta el hartazgo en el torrente de información que satura las pantallas, tienen más peso que nunca. Digamos, sin más intención que clarificar, que la *doxa* es el alma de las *fake news* y que el discurso de la mayoría de los gobernantes de las democracias occidentales está cada vez más lejos del *episteme*. De hecho, la *doxa* empieza a convertirse en un elemento imprescindible para gobernar.

Pero a lo que se refiere Epicteto, que es lo que aquí nos importa, es a la opinión personal, que opera como filtro para interpretar la realidad; porque puede ser que esa molestia, o ese mal o tormento que nos aqueja, no lo sea de suyo, dice Montaigne, «y únicamente nuestra fantasía le confiere esa calidad, cambiarla está en nuestras manos». Y añade: «Porque si los males han penetrado en nosotros tan solo a través de nuestro juicio, parece que está en nuestro poder despreciarlos o trocarlos en bienes».

No es difícil aplicar esta óptica que nos permite trocar en bienes los males, solo hay que estar alerta, hay que mirar con objetividad y desmontar eso que nos molesta o atormenta porque, a lo mejor, nos estamos dejando perturbar por algo que ni es así o que ni siquiera existe, o peor: que solo existe porque nosotros lo hemos inventado.

Regreso al torrente de información que no solo educa al ciudadano, también lo uniforma. En 1925 el escritor Stefan Zweig publicó, en un diario vienés, un artículo en el que denunciaba la «monotonización del mundo»: «La gente parece vivir y actuar de acuerdo con un mismo esquema, y cada vez son más las ciudades que se asemejan entre sí». La monotonía que observaba Zweig no ha hecho más que recalcitrarse, quien va de compras encuentra las mismas tiendas en cualquier ciudad de Occidente, y el vivir y el actuar están pautados por Google y las redes sociales que nos monotonizan desde la pantalla.

A Zweig le escandalizaba la uniformidad del baile en esa época, ya no se bailaban los valses en Viena ni las zardas en Hungría, «hoy en día son millones de personas, de Ciudad del Cabo a Estocolmo, de Buenos Aires a Calcuta, las que bailan el mismo baile al compás de las mismas cinco o seis melodías impersonales y de corto aliento», escribe Zweig, sin saber que ese párrafo iba a ser la metáfora, cien años más tarde, de la vida de los ciudadanos del siglo XXI, pues hoy todos bailamos, y nos comportamos y en general vivimos, al compás de cinco o seis melodías impersonales y de corto aliento.

Más adelante se queja del progresivo desvanecimiento de la conversación y de la lectura de libros que exigen la atención del lector, a causa de entretenimientos cuya «fuerza invencible reside en que todos son insólitamente cómodos», como la radio que empezaba a marcar la «preponderancia de la tecnología como fenómeno más relevante de nuestra era», escribe Zweig. Ante este panorama, donde estaba ya claramente la larva de nuestro mundo, el escritor declaraba que frente a semejante monotonización, «cualquier llamamiento al individualismo dirigido a las masas, a la humanidad, sería un gesto de arrogancia y presunción».

El individualista era, en 1925, la persona que pensaba y actuaba por sí misma, pero la cosa ha empeorado y hoy lo es también ese individuo que se aísla frente a la pantalla para consumir lo mismo que otros millones de individuos que se aíslan como él: el individualista solitario ha perdido su originalidad, se ha descompuesto en millones de cabezas que piensan exactamente igual.

A una de estas cabezas individuales, que piensan desde la falsa individualidad que ofrece la pantalla,

153

se le ocurrió hacer un video/selfi desde las escaleras eléctricas de una estación del metro en Barcelona: apoyó el teléfono en un escalón y, conforme subía, iba apareciendo, detrás de él, la iglesia de la Sagrada Familia. Contado así parece solamente la graciosa ocurrencia de un turista, pero su ingeniosidad desencadenó un fenómeno multitudinario que dice mucho, y no muy bueno, del mundo en que vivimos. El video/selfi se convirtió, rápidamente, en la aspiración de miles de *instagramers* y *tiktokers* que, durante los siguientes días, abarrotaron esas escaleras eléctricas para hacerse exactamente el mismo video/selfi, hasta que la policía municipal tuvo que intervenir y clausurar las escaleras para evitar un percance.

Este novísimo, y fugaz, reclamo turístico tiene varias aristas, todas oscuras; las miles de personas que hicieron ese video/selfi no pretendían lograr una imagen interesante, sino hacer exactamente lo mismo que todos los demás, disolverse en el rebaño de la red social, descomponerse en ese mar de cabezas que piensan exactamente igual.

Me dirán, con razón, que eso es precisamente lo que han hecho los turistas desde que existen las cámaras fotográficas, fotos de los mismos paisajes, edificios y monumentos, pero convendrán conmigo en que no es lo mismo la foto destinada al álbum familiar que la foto publicada para que la vean los seguidores, pues esta lleva otro mensaje: yo estoy aquí y ustedes no.

«Que *rutina* sea hoy insulto comprueba nuestra torpeza en el arte de vivir». Este escolio es de Nicolás Gómez Dávila, ese filósofo colombiano del que ya hablamos en otro capítulo, y va a contrapelo de la sensibilidad general de nuestro siglo que penaliza lo rutinario, pues nos sentimos invitados todo el tiempo a cambiar, a movernos, a correr. Todo este desplazamiento hacia adelante, que con frecuencia tiene el aspecto de una huida, queda englobado en un concepto muy famoso y escandalosamente gratuito que, me parece, es un elemento importante en ese mar de cabezas que piensan lo mismo al mismo tiempo: «salir de tu zona de confort», uno de los conceptos, de los acicates que engloban la huida.

Otro escolio de Gómez Dávila nos sirve para afinar el paisaje: «La acción es el refugio de las inteligencias asustadas».

Hay una campaña permanente en las pantallas, y en los despachos de los publicistas, los consultorios de los chamanes y los gurús de la *new age*, que nos invita a experimentar cosas nuevas, como si lo de siempre ya fuera antiguo y lo que vale la pena solo pudiera encontrarse en la zona de conflicto.

No creo necesario puntualizar, pero lo hago por si acaso, que con rutina me refiero a esas pequeñas acciones repetidas que articulan nuestra cotidianidad y cuyo encanto es, precisamente, que se repiten todo el tiempo, y no a la rutina sorda que, por ejemplo, padece un trabajador en un empleo tiránico, donde la zona de confort y la de conflicto son dos entelequias, frívolas e insustanciales, que se desdibujan con la obligación que impone el trabajo enajenante.

Aquí ya podemos ir adelantando que eso de recomendarle a alguien que abandone su zona de confort, porque es en la zona de conflicto donde pasan cosas estimulantes, es una frivolidad que solo se entiende y se consiente en los países ricos, donde impera el bienestar y la paz social.

El aforismo del filósofo Gómez Dávila rescata el valor de lo rutinario, que en este milenio, decíamos, está mal visto, pues significa, entre otras cosas, apoltronarse en la zona de confort. Ser rutinario se ha vuelto aburrido en esta era de la hiperestimulación del individuo, que quiere todo el tiempo una cosa diferente y la quiere rápido para, inmediatamente después, hacer otra cosa fuera de su cartografía personal. Ingresar en la zona de conflicto para hacerse una selfi lanzándose en una tirolina o metiéndose en canoa a los rápidos de un río mientras el otro, el rutinario, se desplaza por la zona de confort, deambula por la misma calle de siempre, come en el mismo restaurante, se despatarra a leer en la *chaise longue* de toda la vida.

El encanto de lo nuevo es una obviedad, gusta porque es nuevo, y tiene mucho más mérito y sentido profundizar en la rutina, en la normalidad, que es tuya, a diferencia de la novedad, que es, por definición, un bien pasajero y fugaz. Aquí estamos bordando ya alrededor del verso amoroso de André Breton que transcribí en el capítulo anterior, que exalta la vida rutinaria con la persona amada: un día un nuevo amor y compadezco a aquellos para quienes el amor pierde por no cambiar de rostro.

La continua diversificación nos distrae del arte de vivir que señala el filósofo Gómez Dávila, pues este arte necesita del sosiego, no se puede realizar corriendo, yendo continuamente de una pantalla a otra o desde la canoa en los rápidos del río: el arte de vivir no puede proyectarse en plena huida, hay que hacerlo desde la serenidad que ofrece la *chaise longue*, con el tempo humanizado que ofrece un plano de papel.

Con tal de experimentar todo el tiempo la novedad, lo diferente, escuchamos a trozos los álbumes de música, en la retacería de Spotify; brincamos de una serie a otra, en el deshuesadero de Netflix; nos apuntamos a la creencia esotérica del momento, a la mística del instante; hacemos selfis a destajo con fondos siempre cambiantes, buscamos pareja compulsivamente en diversas aplicaciones, nos entregamos al poliamor y cambiamos desenfrenadamente de restaurante para probar cosas nuevas, «experiencias culinarias», dicta la cursilería hipermoderna. Observemos, como contraste, el modelo de aquellos escritores franceses, de la primera mitad del siglo XX, que comían cada día, por ejemplo, en el restaurante Le Select, de Montparnasse, o en el mío en la Place de la Contrescarpe, donde escribo estas notas a la luz del borgoña. Aquellos escritores no perdían el tiempo analizando el menú, porque se ajustaban a la confortable rutina de pedir siempre lo mismo y, cosa importante en aquel entonces, su familia y sus amigos sabían dónde encontrarlos. No había entonces, claro, la facilidad que ofrece hoy el teléfono móvil, que nos controla y nos gobierna desde el fondo del bolsillo, lo cual me lleva a otro escolio del filósofo Gómez Dávila, especialmente agudo y francamente malicioso: «La sociedad del futuro: una esclavitud sin amos».

Quien se instala en la infinita diversidad que ofrece este milenio no se aburre, o eso cree, pero a cambio se priva de ese estado de ánimo que nace de las actividades rutinarias, esa suerte de humus de donde salen los grandes proyectos. Yo soy yo y mi rutina, diría parafraseando a otro filósofo, porque la rutina es nuestra obra personal, lo que nos diferencia de los demás, como sugeríamos hace unas líneas, y hay que evitar, a toda costa, la torpeza de aniquilarla con la novedad que nos distrae de nosotros mismos porque, cuando abandonamos lo rutinario por lo novedoso, ya no somos nosotros: somos los otros.

En el origen todos venimos de abandonar la máxima zona de confort que es el saco amniótico, y así nos va. Luego nos pasamos la vida tratando de recuperar la placidez uterina, que hay quien araña desde alguna disciplina oriental, o desde la religión o por la vía, más amable y civilizada, del vino.

Supongo que quien se sitúa en la zona de conflicto se enfrenta a una nueva forma de conducirse, de estar en el mundo, pero ¿quién dice que no se puede implementar esto desde la zona de confort? En todo caso, el consejo tiene un eco judeocristiano: nada se logra sin esfuerzo y sufrimiento, lo cual, si miramos a nuestro alrededor, es una patraña para que la grey que trabaja, con la ilusión de estar progresando, no se vaya a emancipar. Seguramente la zona de conflicto, como les pasa a las vides que se cultivan en un suelo agreste, endurece el cuerpo y el espíritu, hace a la persona más resistente, pero también habrá quien salga diezmado de ahí; en todo caso, el consejo de salir de tu zona de confort no es para todos, es un falso eslogan, es el destello del cuchillo de Virginia Woolf. Los miembros de nuestra especie trabajan y se esfuerzan, precisamente, para entrar en la zona de confort y, una vez que están adentro, ¿para qué quieren salir?

Cuando llegue el fin del mundo, todos esos supervivientes que peregrinarán rumbo a Svalbard van a encontrarse de golpe en la zona de conflicto, recogerán las semillas de la bóveda y saldrán a replantar nuevamente la tierra, a recolectar y a cazar, a organizarse otra vez desde el grado cero de la civilización y poco a poco, a lo largo de los siglos, irán tratando de alcanzar ese mundo confortable que tuvieron sus ancestros.

Cuando lleguemos a Svalbard lo que de verdad va a servirnos es el ejemplo de los poetas nómadas que le hablan a la noche en la frontera entre Bolivia y Paraguay

y también contarnos unos a otros la historia del comandante birmano que leía poemas a sus soldados

y la de esos que saben cómo apagar el sol para conectarse con su cielo interior.

Después del fin del mundo, cuando lleguemos a Svalbard, va a salvarnos de la oscuridad la historia de los maestros trashumantes griegos y la de los caballeros del espíritu

y también va a ser imprescindible la técnica para vislumbrar a los portadores de llaves

y desde luego afinar los ojos para distinguir el umbral donde habitan los dioses

no la cosa, sino su umbral

el margen y no el centro.

Cuando lleguemos a Svalbard, ya que hayamos sembrado de nueva cuenta la tierra, va a servirnos desplegar la ética de la felicidad

y distinguir escrupulosamente el cuchillo del destello de luz
y escuchar con devoción la música femenina
y hacer valer la magia como explicación del universo
y practicar la observación sagaz
y la intuición
y el instinto
y el abrazo
aquello que nos conecta
con las cosas del mundo
que
seguirán
aquí
cuando
lleguemos
a
Svalbard.